디지털 부의
_____ 미래

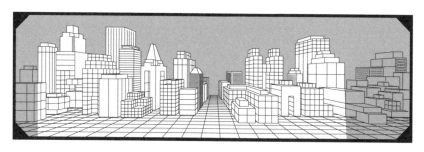

디지털 부의 미래

이승환 지음

메타버스와 웹 3.0시대의 투자 나침반

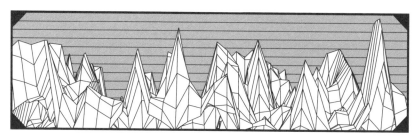

위너스북
WINNER'S BOOK

지난 30년간 쌓인
인터넷 투자의 관성(慣性)을 버려라

디지털 관성과 부의 쏠림 현상

우리의 삶이 인터넷으로 연결되면서 경제, 사회, 문화생활이 송두리째 바뀌었습니다. 우리는 이메일 주소를 자연스럽게 묻고, 대답하며 메일을 주고받으면서 일합니다. 매일 PC나 휴대폰을 사용해서 검색하고 영상과 사진을 공유하며 메시지를 주고받죠. 30년 전에는 없던 새로운 디지털 관성이 생긴 것입니다. 이 디지털 관성은 하루아침에 생기지 않았습니다. 혁신기업들이 계속 새로운 디지털 기기와 서비스를 만들었고 우리의 디지털 연결을 진화시켜왔죠. 이 기업들은 엄청난 디지털 부를 창출했으며 투자의 대상이 되어왔습니다. 삶의 방식을 바꾼다는 것은 결코 쉬운 일이 아닙니다. 30년 전, 인터넷을 전혀 모르는 사람에게 웹사이트(Website), 이메일, 메모리

(Memory)에 저장하기, 데이터 복사하고 붙이기(Copy & Paste), 커뮤니티(Community) 가입하고 활동하기 등의 개념을 알려주고, 활용하게 한다는 건 정말 어려운 일이죠. 누구나 살아오던 관성이 있고 새로운 변화에 저항하며, 이를 수용하는 데 시간이 걸리기 때문입니다. 하지만 사람들은 결국 인터넷이 주는 편리함에 익숙해져 갔죠. 우리가 매일 사용하는 애플 휴대폰, 구글의 검색과 유튜브, MS의 오피스(Office), 메타의 페이스북(Facebook)과 인스타그램 등 디지털 관성을 만든 기업들과 이들의 미래를 보았던 투자자가 부를 거머쥐었습니다.

디지털 변곡점과 부의 이동

아래 주요 언론 기사 제목을 보시면 어떤 생각이 드시나요?

- 인터넷 가입자 20년 만에 처음으로 순증 멈췄다(2022년 7월 30일)
- 세계 스마트폰 출하량 8년 만에 최저(2022년 10월 24일)
- 구글 9년 만에 최저 성장률 기록…유튜브 광고 매출도 뒷걸음질(2022년 10월 26일)
- 페이스북, 16년 만에 이용자 첫 감소(2022년 2월 3일)
- 넷플릭스, 11년 만에 가입자 감소(2022년 4월 21일)

긴 인터넷 혁명의 시간을 지나 폭발적으로 증가하던 인터넷 가입자와 스마트폰 사용자 수는 정체에 이르렀고, 계속 성장할 것만 같던 인터넷 서비스 가입자들이 처음으로 감소하는 현상이 나타나기도 합니다. 물론 새로운 대체 서비스의 등장으로 인한 경쟁 활성화의 요인도 있지만 본질적으로 사람들이 인터넷에 접속하던 방식, 기기, 서비스가 포화 상태에 이른 것이죠.

다른 언론 기사 제목을 몇 개 더 보겠습니다.

- 오큘러스 퀘스트2, 1년 만에 판매량 1천만 대 돌파(2021년 11월 26일)
- 구글, AR글래스 시제품 공개…"외국어 실시간 번역"(2022년 5월 12일)
- 유튜브 제친 로블록스, 메타버스 열풍 속 당면한 과제는?(2021년 3월 16일)
- 네이버 제페토, 누적 가입자 3억 명 달성…해외 이용자 95%(2022년 3월 4일)
- 음원 차트 1위, 버추얼 아이돌 그룹 이세돌(2022년 9월 26일)
- 우리는 아바타로 출근해요(2022년 3월 3일)
- 스타벅스, NFT 멤버십 '오디세이' 체험판 출시(2022년 12월 9일)
- 마셜제도, DAO법 통과…유한책임회사 인정(2022년 12월 23일)

새로운 방식으로 우리들의 디지털 연결을 지원하는 HMD(Head Mount Display), AR(Augmented Reality) 글래스가 주목받고 있습니다. 메타버스 세상인 로블록스에 아바타로 한번 로그인하면 2시간 이상을 보내고 있는데 이는 유튜브보다 2배가 넘는 시간입니다. 아바타로 생활하는 제페토 가입자 수는 폭발적으로 증가하며 단기간 3억 명을 돌파했고, 실제 얼굴을 모르는 버츄얼 아이돌 그룹은 현실 음원 순위에서 1위를 차지하기도 합니다. 직방의 모든 직원은 메타버스 근무하고 있으며 스타벅스는 고객들이 디지털 재화를 소유하고 이를 디지털로 증빙할 수 있는 NFT를 도입하고 있습니다. 또한, 분산형 자율조직, DAO는 별도의 기업으로 인정받고 있습니다.

인터넷 혁명의 시대에는 수많은 2D 웹사이트가 만들어졌는데 이제는 수많은 3D 가상공간이 만들어지고 있습니다. 이메일 ID를 만들던 사람들은 이제 아바타를 만들어서 돈도 벌고, 회사로 출근도 하고 있습니다. 또한, 메모리에 데이터를 저장하고 복사하고 붙이기를 하던 세상에서 이제는 디지털 재화를 만들고 NFT를 활용해서 내 것임을 증명을 할 수 있는 시대가 열리고 있습니다. 온라인 커뮤니티에 가입해서 글을 읽고 글을 남기던 방식에서 이제는 가상 커뮤니티에서 활동하면 기여 수준에 따라 경제적으로 보상받는 DAO라는 커뮤니티도 만들어지고 있죠. 우리는 새로운 디지털 관성이 생기는 변곡점에서 있는 것입니다. 인터넷과 웹 2.0 세상에서 메타버스와 웹 3.0 세상으로 이동이 시작된 거죠. 새로운 디지털 관성은 부의 이동을 가져올 것이며, 새로운 디지털 부의 이동 경로를 포착한 기존의 강자 혹은 새로운 시장 진입자와 투자자가 미래에 부를 거머쥐게 될 것입니다.

이 책은 주가 혹은 코인 가격 기반으로 특정 기업의 최저점과 최고점을 예측하고 매매 타이밍을 알려주는 책은 아닙니다. 디지털 부는 어떻게 탄생되었고 어디로 이동하는지, 새로운 디지털 변곡점에서 생기는 특이점이 무엇이며, 투자관점에서 이를 어떻게 해석해야 하는지를 담고 있습니다. 또한, 새로운 디지털 부를 찾기 위해 무엇을 보고 어떻게 판단해야 할지를 제시하고 있습니다.

> 흔히 우리는 닫혀 있는 문을 너무 오랫동안 보고 있어서, 열려있는 문을 너무 늦게 발견하게 된다.
>
> **-알렉산더 그레이엄 벨**(전화기를 최초 발명한 미국인 발명가)-
>
> 우리는 기회를 기다리는 사람이 되기 전에 기회를 얻을 수 있는 실력을 갖춰야 한다.
>
> **-도산 안창호**(애국 계몽 운동에 앞장선 한국의 독립운동가이자 교육자)-

메타버스와 웹 3.0이라는 새로운 디지털 문이 열리고 있습니다. 새로운 디지털 문 앞에서 머릿속이 복잡해지고, 많은 질문들이 떠오르실 겁니다.

새로운 디지털 문이 도대체 뭘까? 새로운 디지털 문 너머에 어떤 세상이 펼쳐질까? 투자 관점에서 이 변화를 해석해야 할까? 어디에 기회가 있을까? 인터넷 혁명 시기의 투자와 어떤 면에서 유사하고 또 다를까? 무엇을 알아야 하고, 준비해야 할까?

이 책이 많은 질문에 대한 답변이 되고 새로운 투자 기회를 찾는데 필요한 나침반이 되기를 희망하며 독자 여러분의 성공적인 투자를 기원합니다.

마지막으로, 이 책이 나올 수 있도록 힘을 보태주신 부모님, 장모님, 형제 등 많은 가족분들과 위너스북 관계자 분들께 감사드립니다. 그리고 항상 새로움에 도전하고 용기 낼 수 있게 도와주는 사랑하는 아내 지연에게도 고마운 마음을 전하고, 세상의 문을 열고 한걸음씩 나아가는 사랑하는 딸 윤아에게 이 책이 의미있는 나침반이 되어주길 바랍니다.

CONTENTS ───────────────────────

PART 5 새로운 디지털 부의 시대를 준비하자

디지털 부의

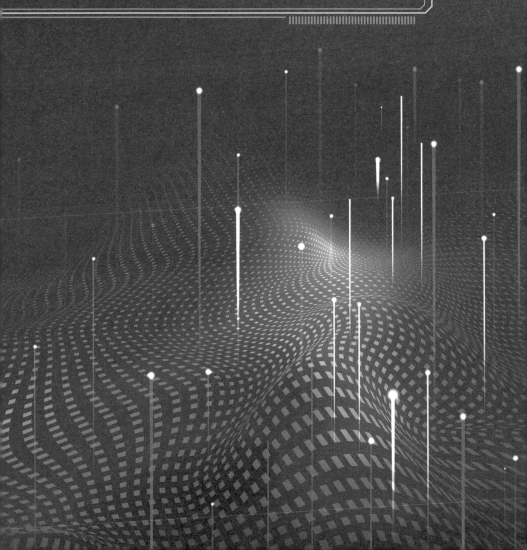

탄생과 이동

01

수익률 5만 퍼센트!

2018년 8월 3일, 로이터(Reuters)에서 보도된 기사가 오랫동안 기억에 남습니다. 당시 애플은 꿈의 시가 총액인 1조 달러를 달성했고 로이터는 애플의 주식을 오랫동안 보유한 개인투자자를 소개했는데요. 도나 펜(Donna Fenn)이라는 여성은 1985년 한 주식중개인의 권유로 주당 39센트 정도에 애플 주식을 샀고 2018년 8월 기준 5만%의 수익률을 달성했다고 합니다.

도나 펜은 2018년 당시 애플의 시가총액이 1조 달러를 넘어섰음에도 불구하고, 주식을 매각할 계획이 없다고 밝혔는데요. 펜 씨는 매일 아이폰으로 애플 주가를 확인한다면서 "내가 25살 때 애플 주식을 샀는데 이제 손주들 대학 보낼 수 있다고 말하는 85살 할머니

애플 주식 장기 보유자 도나 펜(Donna Fenn)

자료: www.reuters.com(로이터)

가 되면 어떨까?"라고 말했습니다. 2022년 10월 기준, 아직도 도나 펜이 애플 주식을 보유하고 있다면 정말 경이로운 수익률을 자랑하고 있을 것입니다. 애플의 시가총액이 2조 달러를 넘어섰으니까 말이죠. 오랜 시간 동안 받아온 현금배당은 별도 구요.

이 애플 투자 수익 기사에 대한 사람들의 의견은 각양각색입니다.

"주식중개인의 권유로 그냥 사서 버틴 거 아닌가?"

"진짜 애플의 가치를 알고 샀을까?"

"운이 좋았네."

"지나고 나서 이런 얘기 누가 못해."

"돈 번 기업도 있지만 망한 기업도 많지."

애플의 주가 변화

52.00 USD 2018년 8월 3일

200

150

100

50

0

1988년   1998년   2008년   2018년

자료: finance.yahoo.com

　우리는 이 결과를 다양하게 해석할 수 있지만 분명한 사실은 실제 이 일은 일어났다는 것입니다. 이 긴 시간 동안 애플은 우리에게 계속 새로운 기기와 서비스를 보여주었고 우리를 디지털의 세계로 안내하며 새로운 가치를 만들어 냈습니다. 우리는 디지털 세상으로 로그인하기 위해 애플의 PC와 노트북, 아이폰, 아이패드를 사용하고 있으며 앱스토어에 있는 수많은 앱을 이용하고 있습니다. 디지털 부가 창출되었고 기회가 생겼으며 누군가는 이 기회를 잡았습니다.

디지털 부의
탄생

디지털 부는 어디서 시작되었을까요? 생각해보면 이 모든 것은 비트(bit)의 탄생에서 시작되었을 것입니다. 비트는 옥스퍼드 사전에 아래와 같이 정의되어 있습니다. 0과 1의 조합인 데이터의 최소단위가 비트지요.

🔊 **비트, bit**

명사, 컴퓨터

데이터를 나타내는 최소 단위. 모든 데이터는 0과 1의 조합으로 구성되는데, 이 0또는 1이 하나의 비트가 됨. 1개의 비트는 두 가지 상태를 나타낼 수 있으므로 n개의 비트로는 2^n가지의 상태를 나타낼 수 있음. ▷바이트(byte) · 워드(word).

이 비트로 수많은 사람이 디지털로 연결되고 어마어마한 디지털 부가 형성될지 소수의 혁신가를 제외하고 누가 알았을까요. 인터넷 시대의 초창기에 이 비트로 세상이 바뀔 것이고 여기에 새로운 디지털 부의 기회가 있다고 한다면 대중은 이해하지 못했을 겁니다.

비트(bit)의 탄생으로 우리는 디지털로 연결되기 시작했고 인터넷 혁명의 시대가 열렸습니다. 비트는 0 아니면 1이고, 비유하자면 점(點)과 같지요. 비트가 하나만 존재하면 의미가 없지만, 점이 연결되면 선(線)이 되는 것처럼, 비트의 조합을 통해 우리는 텍스트를 전달할 수 있습니다. 그리고 아날로그 음성을 디지털로 바꿀 수도 있죠. 이것이 우리가 디지털로 연결되는 가장 기본적인 방식인 문자와 음성입니다. 이제 선이 모이면 면(面)을 이루게 됩니다. 우리는 사진을 찍거나, 영상을 만들고 공유하기도 하죠. 면이 모이면 공간을 만들게 되고 우리가 잘 알고 있는 가상공간(Virtual Space)이 있습니다. 바로 게임이죠.

우리는 비트로 연결된 디지털 세상과 현실을 오가며 인터넷에서 다양한 경제, 사회, 문화생활을 하고 있습니다. 우리를 디지털로 연결했던 혁신 기업들과 그 기업에 투자했던 사람들이 디지털 부를 거머쥔 승자가 되었죠. 2022년 10월 17일 기준, 전 세계 시가총액 1위 애플, 3위 마이크로소프트, 4위 구글, 5위 아마존 등이 이러한 기업이고 애플에 장기 투자한 도나 펜도 승자 중 한 명일 겁니다.

전 세계 기업 시가총액 순위

자료 : 컴퍼니스마켓캡(companiesmarketcap)

인터넷 혁명의 시대 디지털 부를 창출한 기업들은 우리를 점과 선 그리고 면으로 연결했습니다. 현재까지 디지털 연결의 약 97%가 텍스트, 음성, 이미지, 비디오입니다. 디지털 공간이 차지하는 비중은 3%밖에 되지 않는다고 합니다. 하루를 가만히 돌아보시면 하루 동안 스마트폰, 태블릿, 노트북, PC로 특정 기업의 서비스를 통해 누군가와 디지털 연결을 했을텐데, 그 형태를 보면 대부분 텍스트, 음성, 이미지, 비디오입니다. 메일을 보내고, 카톡을 보내고, 통화하고, 이미지나 영상을 보고, 전송하셨을 겁니다.

다양한 기기와 부품, 그리고 소프트웨어를 통해 우리를 디지털로 연결한 대표적인 글로벌 기술 기업들이 850개나 되고, 이들이 만든 시가 총액은 2022년 10월 기준 16,559조 달러입니다. 원화로 2경 원에 달하는 금액이죠. 상장되지 않고 데이터에서 제외된 기업들을 포함하면 실제 가치를 더욱 클 것입니다.

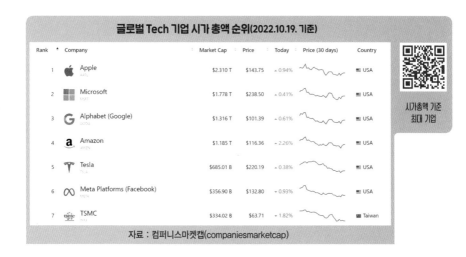

글로벌 Tech 기업 시가 총액 순위(2022.10.19. 기준)

Rank	Company	Market Cap	Price	Today	Price (30 days)	Country
1	Apple AAPL	$2.310 T	$143.75	▲ 0.94%		▆ USA
2	Microsoft MSFT	$1.778 T	$238.50	▲ 0.41%		▆ USA
3	Alphabet (Google)	$1.316 T	$101.39	▲ 0.61%		▆ USA
4	Amazon AMZN	$1.185 T	$116.36	▲ 2.26%		▆ USA
5	Tesla TSLA	$685.01 B	$220.19	▲ 0.38%		▆ USA
6	Meta Platforms (Facebook) META	$356.90 B	$132.80	▼ 0.93%		▆ USA
7	TSMC TSM	$334.02 B	$63.71	▼ 1.82%		▆ Taiwan

시가총액 기준 최대 기업

자료 : 컴퍼니스마켓캡(companiesmarketcap)

2022년 기준 한국인이 가장 많이 사용하는 앱을 보시면 현재의 디지털 연결을 쉽게 이해하실 수 있습니다. 4,600만 명이 인터넷에 접속하고 있고, 약 4,500만 명이 소셜 네트워크 서비스를 사용하고 있습니다. 카카오톡 등 많은 사람이 다양한 앱을 구동하면 점과 선, 면 중심의 디지털 연결이 시작되죠. 그리고 이 디지털 연결을 선도한 국내기업도 디지털 부를 창출했습니다.

앞으로 우리가 경험할 디지털 연결은 어떤 모습일까요? 지금의 점과 선, 면 중심의 연결이 계속 이어질까요? 인류는 끊임없이 새로운 시도를 해왔고 지금도 계속되고 있습니다. 새로운 디지털 연결이 시작되고 있고 이는 곧 새로운 디지털 부의 기회가 열리고 있다는 의미일 것입니다.

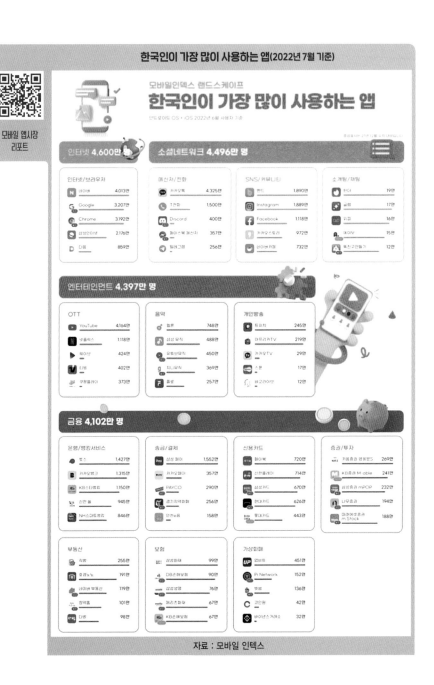

디지털 특이점(Singularity)과 부의 이동

이 책을 읽고 계시는 독자분은 모두 인터넷이 무엇인지 알고, 우리의 삶을 바꾼 혁명이라고 얘기하고 또 들으셨을 것입니다. 여러분이 타임머신을 타고 인터넷 대중화의 초기인 1990년대 후반으로 타임머신을 타고 돌아갔다고 가정해 봅시다. 여러분은 인터넷을 잘 알고 있지만 다른 사람들은 인터넷을 전혀 모릅니다. 인터넷을 전혀 모르는 사람에게 인터넷을 아주 쉽게 알려준다면 어떻게 설명할 수 있을까요? 짧은 단어 혹은 문장으로 말이죠.

매일 일상에서 만나는 인터넷을 쉽게 설명하려고 하니 "이걸 쉽게 어떻게 설명해야 하지?"라고 생각하실 겁니다. 인터넷은 우리의 삶을 바꾼 혁명이고, 수많은 인터넷 기업이 생기고, 유명한 유튜버는 많은 돈을 벌고, 개인 방송이 생기고, 스마트폰으로 물건을 주문하면 하루 만에 도착하는 이러한 날들을 어떻게 짧은 한 두 단어 혹은 한 문장으로 쉽게 설명할 수 있을까요? "인터넷은 디지털 연결입니다!"라고 설명하실 수도 있습니다. 우리는 모두 동시대를 살아오면서 이러한 변화를 겪어오고 경험했기에 디지털 연결이라는 표현에 공감할 수 있습니다. 하지만, 인터넷에 대한 경험이 없는 사람들에게 디지털 연결이란 말은 매우 낯설고 비현실적인 이야기로 들리지 않을까요? 어떠한 표현으로 인터넷을 설명하더라도 쉽지 않을 것입니다. 옥스퍼드 사전에 인터넷은 아래와 같이 정의되어 있습니다.

'원거리 접속으로 파일을 전송하고 전자메일을 보내는 컴퓨터 네트워크 시스템.'

🔊 **인터넷, Internet**

명사, 컴퓨터

전 세계에 걸쳐 원거리 접속이나 파일 전송, 전자 메일 등의 데이터 통신 서비스를 받을 수 있는, 컴퓨터 네트워크의 시스템.

이 정의를 1990년대 사람들에게 알려주면서 인터넷은 디지털 부를 일으켰고, 우리의 삶을 바꾼 혁명이라고 얘기하면 몇 명이나 이해할 수 있을까요. 실제 1995년 빌 게이츠는 데이비드 레터맨의 토

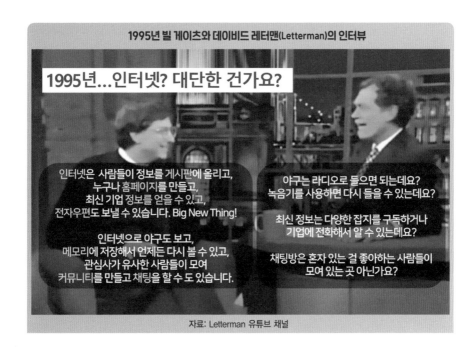

1995년 빌 게이츠와 데이비드 레터맨(Letterman)의 인터뷰

1995년...인터넷? 대단한 건가요?

인터넷은 사람들이 정보를 게시판에 올리고,
누구나 홈페이지를 만들고,
최신 기업 정보를 얻을 수 있고,
전자우편도 보낼 수 있습니다. Big New Thing!

인터넷으로 야구도 보고,
메모리에 저장해서 언제든 다시 볼 수 있고,
관심사가 유사한 사람들이 모여
커뮤니티를 만들고 채팅을 할 수도 있습니다.

야구는 라디오로 들으면 되는데요?
녹음기를 사용하면 다시 들을 수 있는데요?

최신 정보는 다양한 잡지를 구독하거나
기업에 전화해서 알 수 있는데요?

채팅방은 혼자 있는 걸 좋아하는 사람들이
모여 있는 곳 아닌가요?

자료: Letterman 유튜브 채널

크쇼에 출연해서 인터넷에 관한 질문을 받습니다. 데이비드 레터맨
은 인터넷이 무엇이며, 대단한 변화를 가져오는지 질문을 던지는데
요. 빌 게이츠는 홈페이지(Homepage), 게시판, 이메일(e-mail), 메모리
(Memory), 커뮤니티(Community)를 설명하며 정말 큰 변화가 오고 있
다고 말하지만, 토크쇼를 진행하던 데이비드 레터맨과 방청객들은
인터넷의 가져올 거대한 변화를 거의 이해하지 못합니다. 여러분이
글로벌 인터넷 기업들이 2경 원이 넘는 가치로 평가받을 것이라고
얘기하면 어떤 반응을 보일까요?

새로운 혁명이 시작되는 시기에는 특이점(Singularity)이 나타납니다. 이해하고 설명하기 어려운 현상들과 용어, 서비스와 기기들이 등장하는 것이죠. 빌 게이츠가 설명한 홈페이지, 게시판, 이메일, 메모리, 커뮤니티 등의 용어는 기존에 대중들이 사용하지 않았던 말들이며 경험해 보지 못한 세계였습니다. 개인마다 이메일 아이디를 만들고 메일을 주고받는 세상을 이해하기 어려웠죠. 당시 어떤 사람은 "1년 동안 나는 우체통에 편지를 1~2번 정도밖에 넣지 않는데 이메일 아이디를 만들었다고 얼마나 메일을 보내겠는가?"라고 말하기도 했습니다. 이제 우리 일상에 이메일 교신은 일상이 되었고 일하는 방식이 바뀌었죠. 이제 이메일이 없는 세상을 상상하기 어렵게 되었습니다. 메일 서버, 홈페이지, 게시판과 웹사이트, 커뮤니티를 운영하여 돈을 버는 기업들이 대거 등장하기 시작하죠. 2022년 10월 기준 20억 개의 웹사이트가 존재합니다. 디지털 특이점은 나타났고, 부의 이동은 시작되었습니다.

04

디지털 길목에
모이는 돈

2018년 명품 사극으로 사랑받은 영화 〈명당〉을 보면 땅의 기운을 점쳐 인간의 운명을 바꿀 수 있는 천재 지관 박재상(조승우)이 사람들이 오지 않는 시장을 다시 살려달라며 찾아온 상인들에게 "물이 위에서 아래로 흐르듯, 사람도 길을 따라 흐르는 법이오"라고 말합니다.

현실뿐만 아니라 디지털 세상도 마찬가지입니다. 인터넷은 우리를 디지털로 이어주는 길과 공간을 만들었고 사람들은 그 길을 따라 이동하고 특정 가상공간에 머무르며 모이기 시작했습니다. 광고는 어디에 해야 할까요? 사람들이 모이는 곳에 해야겠죠. 기존에는 사람들이 모두 TV, 라디오, 잡지, 신문에 모여있었습니다. 이제 인터넷으로 사람들이 이동하면서 기업들의 광고비도 인터넷으로 향하기 시작했습니다. PC와 노트북 앞에 앉아있는 사람들은 인터넷 광고에 노출되고 클릭하고 관심을 보이며 구매를 시작했고, 이제 유선 인터넷에 이어 사람들은 스마트폰으로 모여들기 시작합니다. 언제 어디서든 스마트폰으로 접속할 수 있고 검색하고 구매할 수 있게 되었습니다. 사람들이 디지털로 이동하고, 돈의 사용처도 이동하고 인터넷 광고 사업을 하는 기업들은 천문학적인 수익을 창출하기 시작합니다. 2010년도는 여러분들이 카카오톡을 사용하기 시작한 첫 번째 해입니다. 사람들은 이제 유선을 넘어 모바일로 모여들었고 모바일 광고도 이후 급성장을 시작합니다. 네이버와 카카오는 이 시장의 최대 강자이며 수혜 기업이 되었죠. 다음 그림은 국내 광고시장의 변화 속에서 인터넷이 얼마만큼 성장했는지를 보여주고 있습니다. 사람들은 유선 인터넷 이후, 모바일로 모여들었고 광고시장에 25년이 넘는 시간 동안 지각변동이 일어났습니다.

이러한 변화는 국내뿐만 아니라 세계적인 추세였습니다. 2022년 7월, 구글은 실적 발표를 통해 2분기(4~6월) 매출이 696억 9,000만 달러(약 91조 3,600억 원)로 전년도 동기 대비 13% 증가했다고 발표했습니다. 구글의 광고 사업은 분기 매출의 81%를 차지했는데요. 검색 광고 매출은 14% 증가한 406억 8,900만 달러였고, 유튜브의 광고 매출은 73억 4,000만 달러로 5% 늘었습니다.

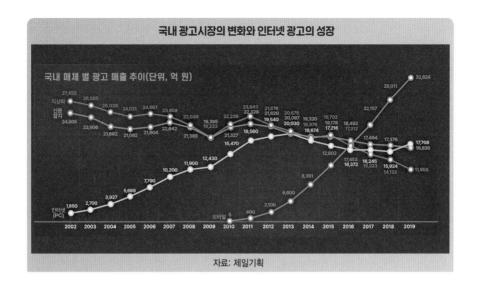

국내 광고시장의 변화와 인터넷 광고의 성장

국내 매체 별 광고 매출 추이(단위, 억 원)

자료: 제일기획

1995년도 빌 게이츠와 데이비드 레터맨의 인터뷰에서 나타난 디지털 특이점 이후, 모바일이라는 또 다른 특이점이 있었고 사람들이 인터넷으로 모이고 움직이는 방식이 변화했습니다. 이에 따라 부의 흐름도 이동하고 바뀌었습니다. 우리가 디지털 특이점에 관심을 가져야 하는 이유가 바로 이것입니다. 주목할 점은 이러한 변화가 하루아침에 이루어지지 않았다는 것입니다. 1995년 데이비드 레터맨의 토크쇼 방송 이후, 다음 날, 다음 달, 다음 해에도 인터넷에 관심이 없는 대중들의 삶은 크게 바뀌지 않았을 겁니다. "인터넷 혁명이 대단하다고 하더니 바뀌는 게 없는데?"라고 많은 사람이 얘기하지 않았을까요? 하지만 25년 동안 수많은 혁신가와 기업들은 끊임없이 새로운 인터넷 사업모델로 산업과 사회를 혁신하며 우리의 삶에 계속 들어왔고 디지털 부는 창출되었습니다. 바뀌는 게 없다고 말하던 사람들은 언제부터 인터넷을 쓰기 시작했는지 대부분 기억하지 못하고 어느새 매일 인터넷을 사용하고 있으며 지금은 인터넷이 연결되지 않으면 매우 불편해하고 있을 것입니다.

디지털 부의 이동 방향 :
97:3에서 50:50으로

2023년 1월 19일 오후 1시에 사람들은 얼마나 인터넷을 사용하고 있을까요? 수십억 명의 사람들이 인터넷을 사용하고 있고 18억 개에 가까운 웹사이트가 만들어져 있네요. 오후 1시 기준으로 1,530억 개의 이메일을 주고받았으니 저녁이 되면 3,000억 개 정도 될 것 같습니다. 그 외에도 수많은 사람이 검색하고, 텍스트와 사진, 영상을 트위터, 인스타그램, 유튜브 등 다양한 서비스를 사용해서 주고받고 있는데 그 양이 정말 어마어마하죠. 현재 우리의 디지털 연결 모습입니다.

지금의 디지털 연결은 97 : 3의 비율로 표현해 볼 수 있습니다. 현재 수많은 디지털 연결은 텍스트, 음성, 이미지, 문자가 차지하는 비중이 약 97%이고 가상공간(Virtual Space)이 차지하는 비중은 3% 정도로 낮습니다. 여러분의 하루를 가만히 돌이켜 보시면 핸드폰과 노트북, PC를 통해서 누군가와 디지털로 연결되었고 주문하고, 메일을 보내셨을 텐데요. 그 형태가 대부분 이 4가지라는 거죠. 4가지 연결 형태를 새로운 서비스와 기기로 만들어 낸 그림에 표시된 구글, 유튜브, 트위터, 인스타그램 등 혁신 기업이 디지털 부를 가져간 것이죠. 비주얼캐피탈리스트(Visual Capitalist)에서 발표한 2022년 가장 가치가 있는 브랜드 100대 기업이 발표되었는데요. 해당 기업을

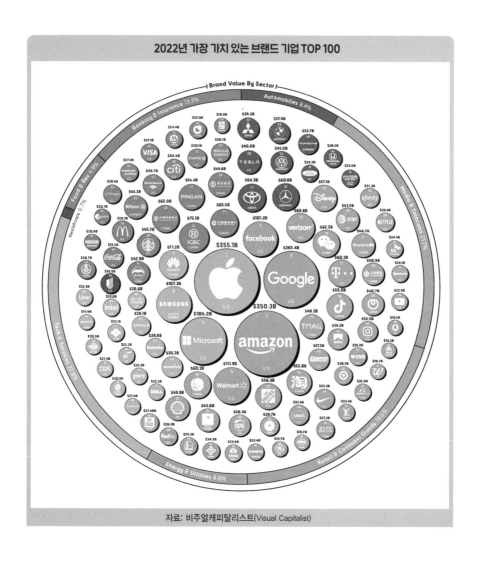

자료: 비주얼캐피탈리스트(Visual Capitalist)

보시면 애플, 구글, 페이스북, 틱톡, 유튜브, 위챗, 텐센트 등 눈에 익은 기업들이 많이 보이실 테고, 지금 우리를 디지털로 이어주는 기업들입니다.

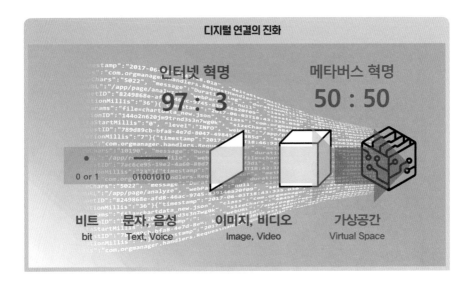

디지털 연결의 진화

인터넷 혁명
97 : 3

메타버스 혁명
50 : 50

0 or 1   01001010

비트 **문자, 음성**
bit Text, Voice

이미지, 비디오
Image, Video

가상공간
Virtual Space

이제 디지털 연결의 비율이 변화할 전망입니다. 유니티(Unity) CEO인 존 리치텔로는 "지금까지 만들어진 디지털 콘텐츠의 3~4% 정도가 3D로 제작되었고, 이 비중이 나중에는 50%에 달할 것"이라고 언급했는데요. 즉, 인터넷 혁명이라는 긴 시간 동안에 우리의 디지털 연결은 97%가 점, 선, 면(음성, 텍스트, 이미지, 영상)으로 이루어졌다는 것이고 이제 가상공간이 차지하는 비중은 3%에서 50%로 늘어난다는 것입니다. 97:3의 비율이 50:50으로 바뀌면 디지털 공간에서 생활하는 비중이 높아지고, 디지털 부도 새롭게 이동하게 되겠지요. 또한, 많은 분에게 가상공간이라는 표현은 게임으로 인식되어 있는데요, 이 가상공간은 기존에 우리가 알고 있던 게임을 넘어 "가상공간에서 이런 일도 가능한가?"라는 얘기할 정도로 지능화된 공

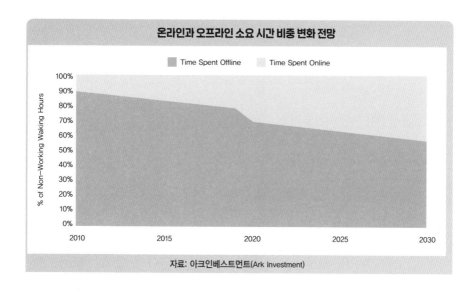

온라인과 오프라인 소요 시간 비중 변화 전망

Time Spent Offline　　Time Spent Online

자료: 아크인베스트먼트(Ark Investment)

간으로 진화하고 있습니다. 인공지능 등 다양한 혁신 기술들이 가상
공간과 융합되어 새로운 가치를 만들기 때문이죠. 새로운 디지털 부
가 형성되고 있는 메타버스 혁명이 오고 있고 누군가는 이 기회를
선점하고 있습니다.

　아크인베스트먼트(Ark Investment)의 분석에 따르면, 2010년에 사
람들은 하루 24시간 중에서 10% 정도를 온라인에서 시간을 보냈다
고 합니다. 시간이 흘러 2021년에는 온라인 접속 시간이 38%로 늘
어났고, 2030년에는 52%로 증가할 전망입니다. 온라인에서 보내는
시간이 오프라인에서 보내는 시간보다 많아진다는 것이죠. 디지털
연결의 시간은 지금보다 늘어날 것이고 또한, 우리는 텍스트와 이미

지, 영상을 넘어 가상공간에서 아주 많은 시간을 보내게 될 것입니다. 디지털이 만드는 부는 더욱 커질 것이고, 우리를 새로운 연결로 이끄는 기업들이 그 부를 가져가겠지요. 디지털 변화의 큰 방향을 이해하고 투자 전략을 세울 필요가 있습니다.

디지털 부의 미래

The
Future
—of—
Digital
Wealth

PART 2

디지털 부의

패러다임 변화

01

인터넷과 웹 2.0에서 메타버스와 웹 3.0으로

우리는 보통 "인터넷에 들어간다.", "웹에 접속한다."라는 표현을 구별하지 않고 사용합니다. 대중에게는 인터넷과 웹이라는 표현이 거의 동일시되어 있는데 개념상으로는 차이가 있습니다. 최초의 인터넷은 1969년 미국국방부의 고등연구계획국(Advanced Research Project Agency)에서 핵전쟁이 일어나더라도 데이터를 안전하게 보관하고 공유하기 위해 만든 알파넷(ARPANET: Advanced Research Projects Agency Network)입니다. 이후 웹(World Wide Web)은 1990년 영국의 팀 버너스 리(Tim Berners-Lee)가 개발하게 됩니다.

옥스퍼드대학교에서 물리학을 전공한 그는 유럽 입자물리연구소에 근무하였는데 유럽의 20개 국가가 함께 만든 연구소라 많은 연구자가 서로 정보를 교환할 때 어려움이 있었습니다. 팀 버너스 리

웹을 개발한 팀 버너스 리

자료: CNN

는 수많은 자료와 문서들을 효율적으로 연결하기 위해 하이퍼텍스트(Hypertext) 자료를 주고받는 프로토콜인 HTTP(Hypertext Transfer Protocol)을 개발합니다. World Wide Web, 즉, 웹이 탄생한 것입니다. 이후 말 그대로 정보는 인터넷에서 거미줄처럼 연결되기 시작합니다.

시기상으로 인터넷이 탄생하고 이후에 인터넷을 유용하게 사용하기 위해 웹이 만들어진 것이죠. 여러분은 인터넷으로 특정 웹사이트를 방문하려고 할 때 www. 이하의 주소를 입력하고 해당 사이트에서 많은 정보를 보고 확인하게 됩니다. 이외에도 여러분은 파일을 보내고, 로그인도 하고, 메일도 보내고, 채팅도 하죠. 인터넷을 한다는 의미 안에 아주 많은 활동이 구분되어 있고 또한 이러한 절차가

인터넷의 다양한 구성요소와 웹(Web)

- *21*: File Transfer Protocol (FTP)
- *22*: Secure Shell (SSH)
- *23*: Telnet remote login service
- *25*: Simple Mail Transfer Protocol (SMTP)
- *53*: Domain Name System (DNS) service
- *80*: Hypertext Transfer Protocol (HTTP) used in the World Wide Web
- *110*: Post Office Protocol (POP3)
- *119*: Network News Transfer Protocol (NNTP)
- *143*: Internet Message Access Protocol (IMAP)
- *161*: Simple Network Management Protocol (SNMP)
- *194*: Internet Relay Chat (IRC)
- *443*: HTTP Secure (HTTPS)
- *465*: SMTP Secure (SMTPS)
- *8443*: Router remote access

자료: www.networxsecurity.org

안전하게 진행될 수 있도록 지원하는 추가 활동도 다수 존재합니다. 이 모든 활동이 순서대로 체계적으로 이루어질 수 있도록 프로토콜(Protocol)이라는 약속을 통해서 이루어지게 됩니다. 웹은 이 중 하나의 구성요소이므로 인터넷이 상위의 개념이라고 할 수 있습니다. 통상 웹사이트에서 정보를 확인하는 경우가 많으니 웹이라는 표현이 일상화된 것이죠.

초기의 웹은 진화를 거듭하게 되는데요. 웹 1.0의 시대에는 웹사이트에 접속해서 정보를 볼 수만 있었지만 이후 웹 2.0의 시대에는 정보를 보고, 사이트에 내가 글을 쓰며 다른 사람들과 소통을 할 수도 있게 되었습니다. 데이터를 읽기(Read)만 하다가 이제 읽고 쓸 수

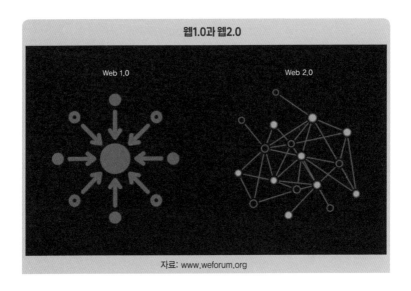

웹1.0과 웹2.0

Web 1.0 Web 2.0

자료: www.weforum.org

있게(Write) 된 것이죠.

이제 우리는 평면적인 2D 인터넷 웹사이트를 넘어서 입체적인 디지털 3D 공간인 메타버스로 많이 로그인하고, 데이터를 읽고, 쓰는 단계를 넘어 소유(Own)할 수 있는 새로운 세계에서 많은 시간을 보내게 될 것입니다. 개념을 단계적으로 이해해 보도록 하죠. 먼저 메타버스입니다.

새로운 디지털 부의 공간, 메타버스

메타버스는 '초월, 그 이상'을 뜻하는 그리스어 메타(Meta)와 '세상 또는 우주'를 뜻하는 유니버스(Universe)의 합성어로 1992년 미국 SF 소설가 닐 스티븐슨의 『스노우 크래쉬(Snow Crash)』란 소설에서 처음 사용되었습니다. 하지만 단순히 초월적인 세상이라는 표현만으로는 우리가 메타버스를 이해하기는 어렵지요.

메타버스는 아직 세계적으로 합의된 하나의 정의가 존재하지 않으며, 이에 현재 시점에서 글로벌 메타버스 생태계를 선도하는 다양한 경제주체들이 메타버스를 어떻게 정의하고 있는지 참고할 필요가 있습니다.

2022년 6월, 맥킨지(Mckinsey & Company)는 〈메타버스에서의 가

치 창출(Value creation in the Metaverse)〉이라는 보고서를 발표하며 메타버스를 정의하고 미래의 성장동력으로 조명합니다. 보고서에서도 표현되었듯이 아직 세계적으로 메타버스가 하나의 개념으로 통일되지 않았기 때문에(Undefined) 자신들의 관점에서 정의하게 되는데요. 내용을 보면 메타버스를 '디지털과 현실의 결합으로 경계가 사라진 인터넷 이후의 삶의 공간'으로 정의했습니다.

2021년 페이스북(Facebook)은 회사명을 메타(Meta)로 변경하면서 메타버스 기업으로의 변신을 선언합니다. 그리고 자신들이 생각하는 메타버스에 대한 정의를 내리고, 미래 비전을 제시하였는데요. 메타는 메타버스를 "나와 같은 물리적 공간에 있지 않은 다른 사람들

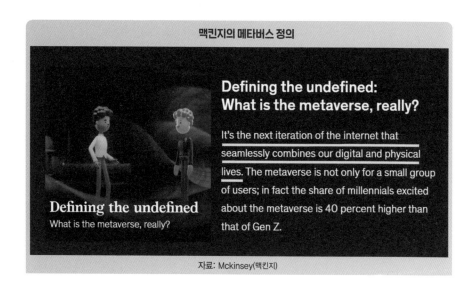

맥킨지의 메타버스 정의

Defining the undefined:
What is the metaverse, really?

It's the next iteration of the internet that seamlessly combines our digital and physical lives. The metaverse is not only for a small group of users; in fact the share of millennials excited about the metaverse is 40 percent higher than that of Gen Z.

Defining the undefined
What is the metaverse, really?

자료: Mckinsey(맥킨지)

과 함께 만들고 탐색할 수 있는 가상공간의 집합체"로 정의하였습니다. 일상에서 하는 다양한 경제, 사회, 문화 활동을 가상과 현실이 융합된 공간에서 하게 한다는 의미입니다. 메타는 메타버스 비전을 발표하며 다양한 미래의 모습을 영상으로 공개했는데요. 증강현실 안경을 착용한 노인 두 분이 물리적으로 떨어져 있지만 마치 한 공간에 있는 것처럼 체스를 두는 모습이 나옵니다. 지금도 우리는 스마트폰이나 노트북, PC를 활용해서 체스를 둘 수 있죠. 2D 기반의 점과 선 그리고 면(음성, 텍스트, 이미지, 영상)으로 만나 체스를 두기 때문에, 공존감을 느낄 수 없고 함께 행동하기도 어렵습니다. 이러한 제약을 새로운 디지털 연결로 가능하게 하겠다는 의미겠죠. 우리가 현실에서 하는 수많은 경제, 사회, 문화 활동을 새로운 디지털 공간

증강현실 안경을 활용한 체스 게임

자료: Meta(메타)

에서 할 수 있다면 사람들은 몰릴 것이고, 새로운 기기와 서비스를 사용할 것이며 이러한 기회를 제공한 기업들은 새로운 디지털 부를 창출하게 될 것입니다.

마이크로소프트(Microsoft)는 메타버스를 "사람과 사물의 디지털 표현이 가능한 디지털 공간"으로 정의하였는데요. 메타버스를 새로운 버전(Version)의 인터넷, 새로운 비전(Vision)의 인터넷으로 개념화하였습니다. 마이크로소프트는 공존감, 함께하는 경험, 연결을 메타버스 플랫폼의 중요한 속성으로 제시하고 있습니다. 인터넷 혁명의 시대에도 윈도우, 워드, 파워포인트 등 많은 소프트웨어를 개발하여 부를 창출했던 마이크로소프트가 새로운 디지털 부의 미래가 메타버스에 있다고 본 것이죠. 마이크로소프트 CEO 사티아 나델라는 '이그나이트(Ignite) 2021'에서 메타버스에 대해 언급하며 가상과 현실 간 경계의 사라지고 있음을 강조하였는데요. 사티아 나델라는 "디지털 세계와 물리적 세계가 결합해, 우리는 메타버스라는 완전히 새로운 플랫폼 계층을 만들고 있다"라며 "어떤 의미에서 메타버스는 현실 세계에 컴퓨팅을 품게 하고 컴퓨팅에 현실 세계를 품게 함으로써, 모든 디지털 공간에 실재(real presence)를 갖다 놓을 수 있게 한다"라고 언급했습니다. 또한, "가장 중요한 건 우리가 사람다움을 지닌 채로 이 세계를 경험하고 싶은 방식과 교류하고 싶은 상대를 선택할 수 있다는 것이며, 이제 공장의 카메라 화면을 들여다보는 게 아니라 거기에 있을 수 있고, 동료와 화상회의를 하는 게 아니라 그들과 같은 방에 함께 있을 수 있다"라고 강조했습니다. 화면을 보지 않고 공간에서 함께 할 수 있다는 의미는 우리의 디지털 연결이 면을 넘어서 공간을 진화하고 있다는 의미겠지요. 2021년 마이크로소프트는 홀로렌즈2 기기에 탑재되는 소프트웨어 플랫폼 메쉬(Mesh)를 공개하며 앞으로 우리가 경험할 새로운 디지털 세상을 보여주었는데요. 공개한 영상에서 두 사람이 홀로렌즈2를 착용하고 만나 서예를 하는 모습을 볼 수 있습니다. 만약 여러분이 서예 전문가이고 학원을 운영한다고 가정해 보죠. 오프라인으로 학생을 모집해서 물리적으로 멀리 있는 사람이 학원으로 와서 배우기는 어렵습니다. 만일 서예 수업을 줌(Zoom)과 같은 화상회의 방식으로 하면 어

마이크로소프트 홀로렌즈와 메쉬(Mesh)

자료: Microsoft(마이크로소프트)

떨까요? 서예의 동작을 배우는데 제약이 존재합니다. 이제 메타버스 기기와 소프트웨어를 활용하며 서예 수업을 한다면 전 세계를 대상으로 수강생을 모집하고 함께 있다는 공존감을 느끼며 수업을 할 수 있지 않을까요? 물론 기기의 가격과 서비스 품질 측면에서 더욱 개선이 필요하지만 이러한 방식이 유효해진다면 사람들은 메타버스 공간에서 다양한 활동을 하려고 모여들고 접속에 필요한 기기와 소프트웨어를 사용하게 될 것입니다. 새로운 기기와 소프트웨어가 부를 만들겠지요. 메타버스 혁명을 주도하는 기업들이 부를 만드는 방식도 변화하지만, 이를 활용하는 사람들도 기존과는 다른 방식으로 부를 창출하게 될 것입니다.

디지털 우주

엔비디아는 메타버스를 상호작용하고, 몰입하며, 협업할 수 있는 공유 가상 3D 세계로 정의하며 메타버스를 다양한 공간의 집합체로 인식하고 있습니다. 또한, 유니티(Unity) CEO 존 리치텔로는 "메타버스는 다양한 사람들이 운영하는 공간 속을 서로 방문하며 살아가는 일종의 소우주 같은 것이 될 것"이라고 언급하였는데요. 물리적인 지구 이외에 다양한 가상 행성들이 무수히 많이 존재하며, 메타버스를 가상 행성들의 집합체인 '디지털 우주'로 표현한 것이죠. 지금 이 책을 보고 계신 독자분과 저는 지구라는 행성에 함께 살고 있습니다. 지구 외에도 수많은 행성이 존재하고 심지어 이름도 없이 번호로 불리는 행성도 아주 많습니다. 마찬가지로 존 리치텔로는 가상의 행성이 너무도 많아서 하나의 디지털 우주를 이루고 사람들은

주요 글로벌 기업의 메타버스 정의 종합	
∞ Meta	서로 다른 물리적 공간에 있는 사람들이 함께 만들고 탐색할 수 있는 가상공간의 집합체
Microsoft	사람과 사물의 디지털 표현이 가능한 디지털 공간 새로운 버전(Version) 또는 새로운 비전(Vision)의 인터넷
nVIDIA.	상호 작용하고 몰입하며 협업할 수 있는 공유 가상 3D 세계
Unity	메타버스는 다양한 사람들이 운영하는 공간 속을 서로 방문하며 살아가는 일종의 소우주

▶ 가상과 현실이 융합된 공간에서 사람, 사물이 상호작용하며 경제, 사회, 문화적 가치를 창출하는 세계

범부처 메타버스 신산업 선도전략(2022. 1. 20)

목적에 맞게 가상 행성들을 오가며 경제, 사회, 문화생활을 한다는 것이죠. 지금도 수많은 가상 행성이 존재하며 행성마다 거주하는 방식, 돈 버는 방식도 다릅니다. 자율주행이나 심리 치료 등과 같이 특수한 목적으로 만든 가상 행성도 존재하죠. 무엇보다 지금도 수많은 가상 행성을 만들고 있고 앞으로 이러한 추세는 확대되어 간다는 것입니다. 우리가 현재 20억 개나 되는 웹사이트에 접속하며 살 듯이 앞으로는 다양한 가상공간에 로그인하며 살아갈 것입니다.

메타버스 선도기업들이 정의한 메타버스는 표현상의 차이는 있지만 공통된 맥락이 있습니다.

진화된 가상과 현실이 융합된 공간이며, 그곳에서 함께 살아가며 다양한 가치가 만들어지는 인터넷 이후의 새로운 혁명이라는 것이죠. 요약하면, 메타버스는 "가상과 현실이 융합된 공간에서 상호작용하며 다양한 가치가 창출되는 세상, 디지털 우주"라고 할 수 있습니다.

디지털 부를 만드는 웹 3.0의 핵심 개념 :
탈중앙, NFT와 스마트 계약, DAO

웹 1.0 시대에는 데이터 생산자와 소비자가 구분되어 있었습니다. 소비자는 생산에 참여하지 않고 생산자가 만든 데이터를 읽기만 했습니다. 웹 2.0 시대에는 데이터를 소비만 하던 사람들이 생산자로 참여도 하게 됩니다. 생산자이면서 동시에 소비자가 된 것입니다. 우리는 다양한 SNS와 커뮤니티 등을 통해 이러한 활동을 하고 있죠. 댓글도 올리고 정보를 주고받으면서 서로 연결되어 있습니다. 페이스북에 자신의 글을 쓰기도 하고 다른 사람의 글에 댓글을 달기도 하고, '좋아요'를 표시하기도 하죠. 다양한 방식으로 데이터를 생산하고 또, 소비하고 있습니다. 지금의 웹 3.0은 새로운 방식으로 디지털 부를 창출하는 차별화된 요소를 가지고 있습니다. 차근차근 살펴보도록 하겠습니다.

디지털 부, 중앙에서 탈중앙으로 ————————●

디지털 부가 중앙에서 탈중앙으로 이동하고 있습니다. 웹 3.0이 기존의 웹과 차별성을 갖는 특성이 탈중앙화인데요. 중앙화는 어느 한 주체가 통제나 지시, 결정을 내리는 구조를 뜻합니다. 예를 들어 우리는 검색과 메일 등 구글이 제공하는 서비스를 사용하고 구글은 우리가 인터넷에서 무엇을 하는지 알고 있죠. 구글 신(God)이라 표현될 만큼 구글은 엄청난 데이터를 가지고 있으며 통제하고 있습니다. 말 그대로 데이터와 사용자가 모이는 플랫폼(Platform) 기업이며 이를 통해 부를 축적했습니다.

2022년 기준 구글의 검색엔진 시장 점유율은 92%입니다. 구글 지주회사인 알파벳은 2021년 영업이익이 약 787억 달러(약 96조 원)를 기록했으며, 매출은 약 2,577억 달러(312조 원)를 달성했습니다.

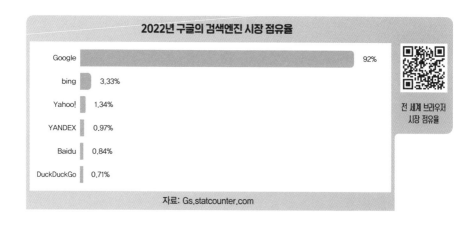

2022년 구글의 검색엔진 시장 점유율

Google	92%
bing	3.33%
Yahoo!	1.34%
YANDEX	0.97%
Baidu	0.84%
DuckDuckGo	0.71%

자료: Gs.statcounter.com

전 세계 브라우저 시장 점유율

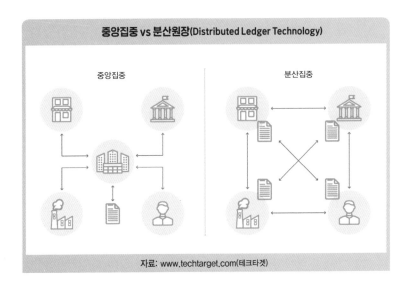

중앙집중 vs 분산원장(Distributed Ledger Technology)

중앙집중

분산집중

자료: www.techtarget.com(테크타겟)

웹 2.0에서는 데이터를 생산하고 소비하는 사용자의 데이터가 플랫폼 기업의 서버에 저장되어 있습니다. 실제 데이터의 소유자는 플랫폼 기업이죠. 여러분이 네이버 블로그를 하신다면 블로그의 작성자는 나지만 실제 데이터는 플랫폼 기업인 네이버가 가지고 있습니다. 뉴스와 검색 등 많은 정보를 가진(Information-centric) 플랫폼 기업의 소유인 셈입니다. 이제 웹 3.0 시대에는 블록체인(Block chain) 기술이 중요한 역할을 하는데요. 블록체인은 분산원장 기술(Distributed Ledger Technology)이라고도 불리며, 이는 거래 정보를 기록한 원장 데이터를 중앙 서버가 아닌 참가자들이 공동으로 기록 및 관리하는 것을 의미합니다.

웹 3.0 기반의 웹브라우저 브레이브(Brave)

가장 철저한 온라인 프라이버시 보호

Chrome보다 3배 빠른 속도. Google 등 빅 테크 기업보다 뛰어난 보호 성능.

↓ Brave 다운로드

웹 3.0 기반의
웹브라우저
브레이브

자료: brave.com/ko/

모든 데이터를 통제하고 관리하는 중앙화된 관리체계가 탈중앙화된 체계로 바뀌는 것이죠. 또한, 데이터를 분산해서 저장하니 보안 측면에서도 기존 중앙집권 방식보다 상대적으로 안전하고, 익명성 보장에도 유리하다는 장점이 있습니다.

웹 2.0 시대에 중앙화된 방식으로 검색 브라우저를 운영하고 이를 광고와 결합하여 구글이 부를 가져갔다면 이제는 웹 3.0 기반의 검색 브라우저가 등장하면서 새로운 변화를 예고하고 있습니다. 브레이브(Brave)라는 웹 3.0 기반의 검색 브라우저는 사용자의 개인 정보를 수집하지 않으며, 광고가 없습니다. 만일 사용자가 광고를 보겠다고 옵션을 설정하면 사용자는 광고를 보고 그에 대한 대가로 브레이브에서 발행한 토큰 BAT(Basic Attention Token)를 받아서 사용할 수 있습니다. 이러한 변화가 경제사회 전반에 걸쳐 일어나게 될 것이며 새로운 디지털 부를 만들려는 혁신기업들의 시도는 계속될 것으로 보입니다.

디지털 소유와 새로운 거래가 가능해진 세상,

NFT(Non Fungible Token)와 스마트 계약(Smart Contract) ─────●

　자산은 대체 가능 여부에 따라 대체 가능(Fungible) 자산, 대체 불가능(Non Fungible) 자산으로 구분할 수 있습니다. 현실에서 내가 가진 5만 원 1장과 다른 사람이 가진 5만 원 1장은 서로 교환할 수 있습니다. 가치가 동등해서 대체할 수 있죠. 암호화폐도 내가 가진 1이더리움과 다른 사람의 1이더리움은 교환할 수 있습니다. 하지만 현실에서 대체 불가능한 자산도 존재합니다. 제가 야구공을 1개 가지고 있다고 가정해 볼 때 이 야구공과 마크 맥과이어 선수가 친 70호 홈런볼이 가격은 다릅니다. 맥과이어는 세인트루이스 카디널스에서 뛰

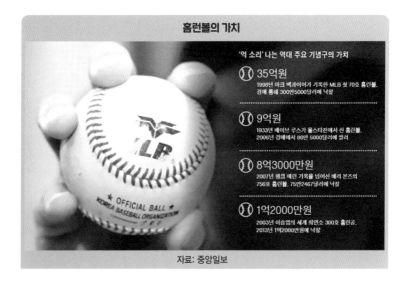

홈런볼의 가치

'억 소리' 나는 역대 주요 기념구의 가치

⚾ 35억원
1998년 마크 맥과이어가 기록한 MLB 첫 70호 홈런볼.
경매 통해 300만5000달러에 낙찰

⚾ 9억원
1933년 베이브 루스가 올스타전에서 친 홈런볼.
2006년 경매에서 80만 5000달러에 팔려

⚾ 8억3000만원
2007년 행크 애런 기록을 넘어선 배리 본즈의
756호 홈런볼. 75만2467달러에 낙찰

⚾ 1억2000만원
2003년 이승엽의 세계 최연소 300호 홈런공.
2013년 1억2000만원에 낙찰

자료: 중앙일보

　　　　　　　　　　　　　　　　　　　　　　　　디지털 부의 미래

던 1998년 역대 처음으로 70개의 홈런을 치며 시즌 최다 홈런 기록을 경신했는데요. 이 70호 홈런공은 경매를 통해 무려 300만 달러(약 35억 원)에 팔렸습니다. 이외에도 홈런볼은 다양한 가격으로 거래되었습니다. 같은 공으로 대체할 수 없는 대체 불가능한 자산입니다.

인터넷 시대에는 디지털 저작물이 '복사하고 붙여넣기'가 가능하므로 누가 만들었는지 소유를 증명하기 어려웠습니다. 쉽게 대체할 수 있었죠. 분명히 내가 처음 만들어서 공유했던 디지털 그림이 나

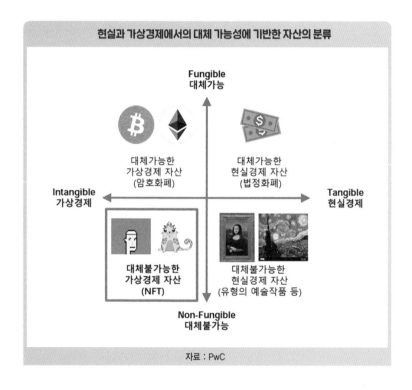

중에는 누가 원작자인지, 원본은 어디에 있는지 찾을 수가 없는 일이 발생하게 된 것입니다. 이제는 블록체인 기술이 등장하고 진화하면서 특정 디지털 자산이 누구의 소유이며 원본인지 확인할 수 있게 되었습니다. 블록체인 기술로, NFT(Non-Fungible Token)를 제작할 수 있게 된 것입니다. 디지털 등기부등본으로 무한 복제되던 디지털 자산의 소유권을 증명할 수 있는 시대가 시작된 것입니다.

제가 디지털 그림 A를 한 장 그려서 NFT로 발행한다고 가정해 보겠습니다. 통상 이러한 과정을 민팅(Minting)이라 부르고, 오픈씨 (Opensea) 등 다양한 NFT 거래소에서 이러한 과정을 대신해주고 수수료를 받습니다. 수수료는 통산 가스비(Gas fee)라고 부릅니다. 가스비는 이더리움과 같은 암호화폐로 결제하며 이를 위해서는 메타마스크(Metamask) 등과 같은 암호화폐 지갑이 필요합니다.

암호화폐 지갑을 만들고, 그 안에 암호화폐를 구매해서 담아놓고, 민팅할 디지털 그림 A를 NFT 거래소에서 민팅을 하고, 대가로 가스비를 암호화폐로 지불하고 나면 민팅된 디지털 그림 A는 암호화폐 지갑에 저장해 둘 수 있습니다. 디지털 그림 A는 고유한 계약주소 값(Contract Address)을 부여받습니다. 만든 NFT를 판매할 수도 있겠죠. 디지털 그림 A를 NFT 거래소에 판매하겠다고 등록 후, 다른 사람이 NFT 그림을 구매하면 제 지갑에 있던 NFT 그림 A가 구매자의 암호화폐 지갑으로 이동하고, 제 암호화폐 지갑에는 구매자가 지

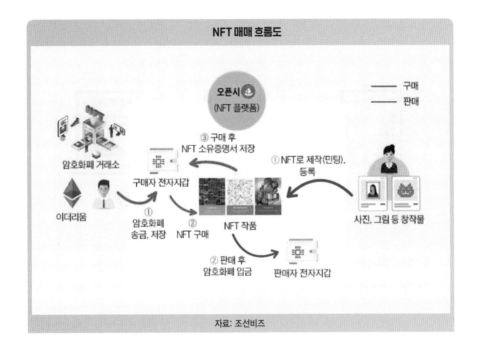

NFT 매매 흐름도

오픈시 🔥
(NFT 플랫폼)

── 구매
── 판매

③ 구매 후
NFT 소유증명서 저장

① NFT로 제작(민팅),
등록

암호화폐 거래소

구매자 전자지갑

이더리움

①
암호화폐
송금, 저장

②
NFT 구매

NFT 작품

사진, 그림 등 창작물

② 판매 후
암호화폐 입금

판매자 전자지갑

자료: 조선비즈

급한 암호화폐가 입금됩니다. 이 NFT 거래를 지원하는 거래소는 수수료를 받습니다.

　NFT는 스마트 계약, 토큰 메타데이터, 토큰 이미지 3개로 구성되어 있습니다. 스마트 계약은 블록체인에서 실행되는 프로그램 코드로, 특정한 거래조건이 만족되면 자동으로 계약 내용이 이행되도록 지원합니다. 토큰 메타데이터는 작품명, 특징 등 세부 내용이 포함되어 있고, 토큰 이미지는 텍스트, 오디오, 이미지, 비디오 등 NFT를 구성하는 모든 형태의 미디어 파일을 의미합니다.

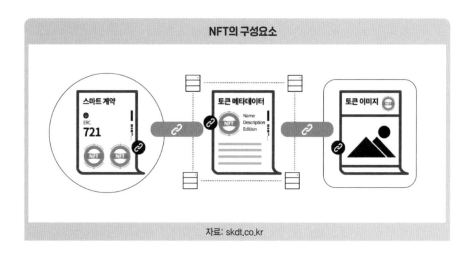

자료: skdt.co.kr

실제 NFT 거래소 오픈씨에 등록된 원숭이 NFT 그림 7537로 조금 더 자세히 알아보겠습니다. 이 원숭이 그림은 유가랩스라는 기업이 만든 디지털 원숭이 그림 10,000장 중 하나의 NFT 그림입니다. 최초 디지털 그림을 그린 후 민팅을 했겠죠. 공개된 NFT의 세부 내용은 그림과 같습니다.

다음 페이지 그림의 왼편 하단 상세(Details) 아래를 보시면 계약주소(Contract Address), 토큰(Token) ID가 생성되어 있습니다. 계약주소, 토큰 ID는 다음과 같습니다.

계약주소(Contract Address) : 0xBC4CA0EdA7647A8aB7C2061c2E118A18a936f13D

토큰 ID(Token ID) : 7537

#7537

Owned by btok1024.eth 👁 48.0K views ❤ 412 favorites

Best offer
63.75 WETH $104,674.95

🏷 Make offer

📈 **Price History**

≡ **Description**

By **BoredApeYachtClub** ✓

👤 **Properties**

BACKGROUND	CLOTHES	EYES
New Punk Blue	**Bandolier**	**Closed**
12% have this trait	2% have this trait	7% have this trait

FUR	HAT	MOUTH
Brown	**Police Motorcycl...**	**Bored**
14% have this trait	1% have this trait	23% have this trait

≡ **About Bored Ape Yacht Club**

▦ **Details**

Contract Address	0xbc4c...f13d
Token ID	7537
Token Standard	ERC-721
Chain	Ethereum
Metadata	Frozen
Creator Earnings ⓘ	2.5%

🏷 **Listings**

☰ **Offers**

Price	USD Price	Floor Difference	Expiration	From
63.75 WETH	$104,674.95	10% below	about 21 hours	franklinisbored
63.65 WETH	$104,510.75	10% below	6 minutes	PuruKraken
63.61 WETH	$104,445.08	10% below	about 20 hours	PuruKraken
63.5 WETH	$104,264.46	10% below	about 14 hours	franklinisbored
63.36 WETH	$104,034.59	10% below	about 7 hours	franklinisbored

자료 : Opensea(오픈씨)

상세(Details) 아래를 보시면 메타데이터(Metadata)라고 표시된 항목이 보이실 텐데요. 옆에 파란색으로 Frozen이라고 표시되어 있습니다. 변경 불가능하다는 의미이며, Frozen을 클릭해 보시면 다음과 같은 세부 내용이 나오고 해당 NFT의 다양한 속성이 표시되어 있음을 알 수 있습니다.

메타데이터 내용

```
{"image":"ipfs://QmVXBPYdVrHNz7G7dAEXgM5xd2WVj53uK3B9wRAtvHLnrH","attributes":
[{"trait_type":"Fur","value":"Brown"},{"trait_type":"Eyes","value":"Closed"},
{"trait_type":"Background","value":"New Punk Blue"},{"trait_type":"Hat","value":"Police
Motorcycle Helmet"},{"trait_type":"Clothes","value":"Bandolier"},
{"trait_type":"Mouth","value":"Bored"}]]
```

또한, 상세(Details) 맨 아래에 창작자 수익(Creator Earnings)이 2.5%로 표시되어 있는데요. NFT 판매 이후에 재판매가 계속 일어날 경우, 그때마다 거래금액의 2.5%를 계속 지급하라는 계약조건이 포함된 것입니다. NFT 하나를 잘 만들고 계속 거래가 일어나고 그때마다 수익이 발생할 수 있다는 거죠. 순서를 정리해보면 매 판매거래가 일어날 때마다 거래금액의 2.5%를 계속 지급한다는 사전 계약을 명시하고(Pre-Defined Contract), 실제 재판매가 일어나면(Events) 해당 계약을 실행하며(Execution), 이러한 거래의 기록들이 블록체인에 기록되며 정리되는 단계(Settlement)를 거치게 되는 것입니다.

스마트 계약의 작동 순서

Pre-Defined Contract
Terms and conditions are agreed by all the parties involved.

Events
Execution of the contract is triggered by an event.

Execution
The smart contract is executed automatically.

Settlement
All the settlements are executed quickly and efficiently.

자료: dcxlearn.com

NFT는 예술, 게임, 스포츠, 음악, 커뮤니티, 다양한 신분 증명 등 경제사회 전반에 다양한 형태로 적용될 수 있습니다. 다양한 형태의 스마트 계약도 거래마다 적용될 것입니다.

NFT 활용 분야

컬렉터블
(수집형NFT)

게임 산업

유형의 예술품

스포츠 산업

커뮤니티 멤버쉽,
입장권, 접근권

부동산 소유권
증명

엔터테인먼트
및 음악 산업

문화유산 및
역사기록

신분 증명
(학위 및 경력 등)

자료 : PwC

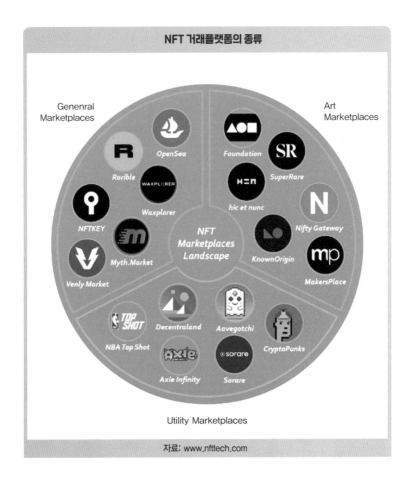

NFT 거래플랫폼의 종류

Genenral Marketplaces

Art Marketplaces

OpenSea
Rarible
WAXPLORER
Waxplorer
NFTKEY
Myth.Market
Venly Market

Foundation
SuperRare
hic et nunc
Nifty Gateway
KnownOrigin
MakersPlace

NFT Marketplaces Landscape

NBA Top Shot
Decentraland
Axie Infinity
Aavegotchi
sorare
Sorare
CryptoPunks

Utility Marketplaces

자료: www.nfttech.com

또한, NFT 거래를 지원하는 플랫폼도 유형별로 매우 다양한데요. 예술 분야의 NFT를 주로 거래하는 플랫폼(Art Marketplaces), 다양한 범주의 NFT 거래를 모두 지원하는 일반거래 플랫폼(General Market places), 게임 수행 등 특정 목적을 위해 제작, 사용되는 NFT 거래를 지원하는 플랫폼(Utility Marketplaces) 등으로 크게 구분할 수 있습니다.

디지털 부의 미래

NFT와 스마트 계약은 디지털 자산을 소유하고 새로운 계약을 통해 기존에 없던 수익을 창출하는 기업과 이용자들이 등장한다는 의미이며 이는 곧 새로운 디지털 부가 창출된다는 신호이기도 합니다.

거버넌스 혁명, DAO

분산형 자율조직, DAO(Decentralized Autonomous Organization)는 기존의 기업 조직구조를 혁신하는 새로운 형태로 주목받고 있습니다. DAO라는 용어는 2013년 이더리움 창시자인 비탈릭 부테린이 이더리움 백서에서 처음 소개한 개념으로 초기에 DAC(Decentralized Autonomous Corporations)라고 불렸습니다. DAO는 2016년 만들어진 '더 다오(The DAO)'가 최초의 DAO로 알려져 있습니다. DAO는 분산형 자율조직이라는 표현처럼 중앙관리자 없이 조직의 참여자들이 공통 목적을 가지고 모여 투표를 통해 의사결정을 수행합니다. 통상 DAO는 자체적인 토큰을 발행하고 구성원들에게 토큰의 소유에 비례하여 의결권을 배부하여 의사결정을 하는데요. 조직 운영을 스마트 계약(Smart Contract)에 기반하여 추진하며, 관련한 기업 정보가 투명하게 공개됩니다. 기존 조직 운영 방식보다 조직을 수평적이고 투명하게 운영할 수 있으며 익명성을 보장할 수 있다는 장점이 있습니다.

DAO와 전통 기업 비교		
	DAO	기업
기업구조	수평적, 분산화	수직적, 중앙집중화
소유권	토큰	주식
커뮤니티 업데이트	Twitter, Github, Discord, 주간/월간 미팅	분기/반기/연차보고서, 주주총회
회계·감사	블록체인에 구축된 오픈소스 코드에 기반, 투명	상장기업은 투명한 편이나, 비상장 기업은 불투명
거버넌스	블록체인의 스마트 컨트렉트를 통해 투표 자동화	기업 절차에 따라 투표

자료: 자본시장연구원

DAO의 예로는 헌법 인쇄본 구매를 위해 조직된 헌법 DAO(Constitution을 모아 자산을 구매하고 자산의 소유권을 공유, 관리할 수 있도록 하는 DAO입니다. 미국 헌법 인쇄본이 경매에 부쳐질 것이라는 사실이 알려지자 DAO를 통해 이 인쇄본을 구매해 분할 소유하여 관리하자는 취지에서 시도되었습니다.

헌법 DAO는 "경매로 나온 미국 헌법을 구매해서, 전시하여 대중에게 공개하고, 이 헌법 문서를 NFT로 만들어 판매하고, 수익은 투자자들에게 배분할 것이다"라고 밝혔습니다. 헌법 DAO는 암호화폐로 모금하면서 '피플(PEOPLE)'이라는 거버넌스(governance) 코인을 발행했는데요. 거버넌스 코인은 일종의 투표권으로 DAO의 의사결정에

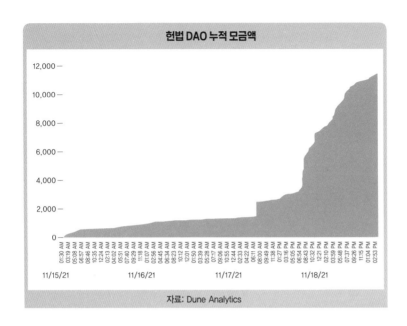

헌법 DAO 누적 모금액

자료: Dune Analytics

참여하고, 이를 기반으로 수익을 받을 때 사용될 계획이었습니다. 헌법 DAO에 참여한 인원은 1만 7,437명, 평균 참여 금액은 206달러로 총 4,000만 달러가 모였습니다. 헌법 DAO는 당당하게 소더비 경매에 참여했습니다. 헌법 인쇄본은 4,320만 달러(당시 한화 약 515억 원)에 낙찰되어 낙찰받지는 못했지만 짧은 기간 동안 DAO를 형성하여 거대한 자금을 모을 수 있다는 새로운 가능성을 남겨두었습니다.

2022년 11월 7일 기준 4,824개의 DAO가 존재하고 DAO 자본금 총액(Total Treasury)은 11.6억 달러에 이르고 있습니다. DAO의 적용 분야도 기업투자, NFT 예술품 수집, 제품 및 서비스 제공 등 다양합니다.

자본금 총액(Total Treasury)에 따른 DAO 순위 TOP 10 (2022.11.7. 기준)

자본금 총액에
따른 DAO 순위

rank	organization	treasury	last 24hrs	top treasury tokens	main treasury chain	token holders	lifetime participants	proposals	votes
1	Uniswap	$3.2B	0.0%			335.4k	10k	99	51.6k
2	BitDAO	$2.3B	6.5%			18.9k	212	16	473
3	ENS	$1.3B	0.0%			59.9k	86.4k	49	144.6k
4	Gnosis	$933.2M	0.0%			16k	4.3k	64	25.5k
5	Lido	$293.3M	0.0%			22.5k	2.3k	116	12.5k
6	OlympusDAO	$238.5M	0.0%			8k	8k	228	47.8k
7	Decentraland	$171.4M	0.0%			267.9k	4.6k	1.6k	42.4k
8	UXDProtocol	$162.8M	-0.2%			10.3k	148	659	2.9k
9	Aave	$160.9M	0.0%			126k	27.2k	176	231.1k
10	Compound	$145.2M	0.0%			201.3k	9.8k	137	10.9k

자료: deepdao.io(딥다오)

　　새로운 형태의 기업과 조직이 등장하며 새로운 가치를 만들고 있고 이들 기업에 투자하는 방식도 다양해지고 있습니다. 새롭게 형성되는 디지털 부의 기회를 다양한 각도로 발굴해야 하는 세상이 되었습니다.

뚱뚱한 프로토콜(Fat Protocol)이 가치를 만든다 ●────────●

블록체인 업계에는 오랫동안 논의되어 오던 이슈가 있습니다. 2016년 Union Square Ventures의 조엘 모네그로(Joel Monegro)가 제시한 뚱뚱한 애플리케이션(Fat Application)과 뚱뚱한 프로토콜(Fat Protocol)에 관한 논의입니다. 인터넷에 존재하는 프로토콜 영역(TCP/IP, HTTP 등)은 수많은 웹페이지를 연결하고, 다양한 가치를 제공하며 인터넷 세상을 만드는 데 도움을 많이 주었습니다. 다양한 프로토콜, 즉 약속은 사람들이 웹페이지를 연결하고, 메일을 보내고, 다양한 데이터를 쉽고 빠르게 주고받을 수 있는 표준을 제공하면서 다양한 애플리케이션을 만들 수 있도록 한 것입니다. 이에, 웹 2.0으로

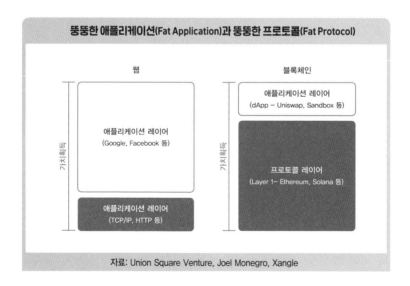

뚱뚱한 애플리케이션(Fat Application)과 뚱뚱한 프로토콜(Fat Protocol)

웹

애플리케이션 레이어
(Google, Facebook 등)

가치획득

애플리케이션 레이어
(TCP/IP, HTTP 등)

블록체인

애플리케이션 레이어
(dApp – Uniswap, Sandbox 등)

가치획득

프로토콜 레이어
(Layer 1– Ethereum, Solana 등)

자료: Union Square Venture, Joel Monegro, Xangle

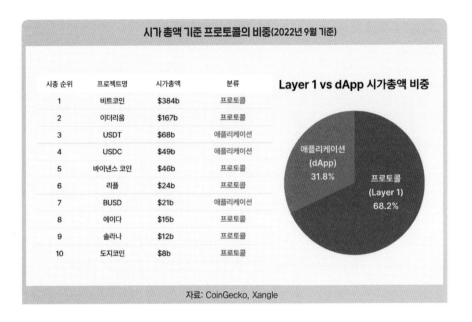

시가 총액 기준 프로토콜의 비중(2022년 9월 기준)

시총 순위	프로젝트명	시가총액	분류
1	비트코인	$384b	프로토콜
2	이더리움	$167b	프로토콜
3	USDT	$68b	애플리케이션
4	USDC	$49b	애플리케이션
5	바이낸스 코인	$46b	프로토콜
6	리플	$24b	프로토콜
7	BUSD	$21b	애플리케이션
8	에이다	$15b	프로토콜
9	솔라나	$12b	프로토콜
10	도지코인	$8b	프로토콜

Layer 1 vs dApp 시가총액 비중

애플리케이션 (dApp) 31.8%

프로토콜 (Layer 1) 68.2%

자료: CoinGecko, Xangle

대변되는 인터넷 시대에 우리는 구글, 페이스북과 같이 뚱뚱한 애플리케이션(Fat Application)영역에서 가치가 창출되고 돈을 벌린다는 것을 목격했습니다. 웹 2.0은 애플리케이션에 가치가 집약되는 뚱뚱한 애플리케이션(Fat Application)의 시대라고 할 수 있습니다.

웹 3.0 시대에는 새로운 가치를 만들 수 있는 프로토콜 영역이 넓어져서 기존에 할 수 없던 새로운 일들을 할 수 있게 되었습니다. 스마트 계약도 그중 하나입니다. 웹 2.0 시대에는 구글과 페이스북이 만들어 놓은 계약을 이행해야만 했는데, 이제는 누구나 새로운 계약을 만들고 이행할 수 있게 된 것이죠. 프로토콜 영역이 확대되면서 이를 활용해 애플리케이션(dApp)을 만들 수 있습니다. 뚱뚱한 프로토콜(Fat Protocol)의 시대가 열리면서 이 안에 있는 다양한 기능을 하는 프로토콜로 새로운 거래, 조직을 만들고 기존에 없던 사업을 구상할 수 있게 된 것입니다.

2016년 뚱뚱한 프로토콜(Fat Protocol) 개념이 제시된 후 6년이 2022년 기준 가상자산 업계는 다양한 프로토콜을 제공하는 기업이 시장을 주도하고 있는데요. 시가 총액 기준 상위 10개 프로젝트는 스테이블 코인 제외 시 전부 프로토콜 지원 기업(Layer 1)입니다. 이들이 전체 가상자산 시장에서 차지하는 시가 총액 비중은 약 68%에 달합니다.

새로운 디지털 부가 오는 신호 :
가상공간에 특이점(Singularity)이 온다

혁명의 순간에는 관성과 특이점이 함께 나타납니다. 특이점은 기존의 기준이나 해석이 적용되지 않는 특이한 지점을 의미합니다. 특이점은 이해하기 어렵고 기존의 방식은 여전히 유효해 보이죠. 1995년 빌 게이츠는 인터넷은 새로운 혁명이라고 말하면서 당시 사람들이 이해하기 어려운 용어와 개념을 이야기했습니다. 홈페이지, 게시판, 이메일 ID, 메모리, 커뮤니티와 같은 말이 지금의 우리에게는 너무도 익숙하지만 당시 대중들에게는 얼마나 어려웠을까요. "라디오, 녹음기, TV, 잡지가 있는데 왜 인터넷이 필요하지?"라는 생각은 어찌 보면 너무나 당연한 질문일 것입니다.

시간이 지나 이제 가상공간에 특이점이 오고 있습니다. 인터넷 혁명의 시기에는 홈페이지와 게시판을 활용한 수많은 2D 기반의 웹사

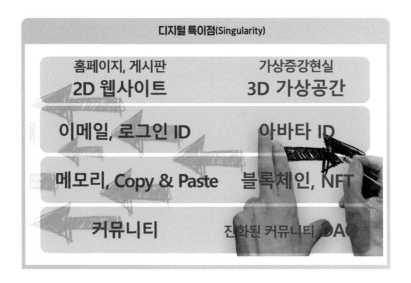

이트를 20억 개나 제작되었는데, 지금은 수많은 3D 공간이 만들어지고 있습니다. 그간 인터넷 웹사이트에 접속하고 메일을 보내기 위해 수없이 많은 텍스트 기반의 ID가 만들어졌는데 지금은 아바타가 만들어지고 있죠. 그동안 중앙 서버 메모리에 수많은 데이터를 저장하고 언제 어디서든 확인하고, 복사하고 붙여넣기를 통해 데이터를 공유했는데, 이제는 블록체인에 데이터를 분산저장하고, NFT라는 방식으로 디지털 자산을 소유하고 있습니다. 게시판에 글을 쓰고 읽으며 사람들과 만났던 커뮤니티는 이제 DAO로 진화하며 참여자가 커뮤니티에 도움을 준 만큼 토큰(Token)으로 보상받고 다양한 용도로 활용할 수도 있죠. 새로운 디지털 특이점이 오고 있으며 동시에 "지금의 디지털 연결도 충분한데, 왜 메타버스와 웹 3.0이 필요하

죠?"라는 질문도 동시에 제기되고 있습니다. 관성과 특이점이 나타나는 순간, 또 다른 혁명이 시작되고 있다는 의미일 것입니다.

술왕사(述往事) 지래자(知來者)

사마천의 말로 "지난 일을 기술하여 다가올 일을 안다"라는 뜻입니다. 과거는 현재를 비추는 거울이고, 미래의 길을 제시하는 나침반이기에 기록은 매우 중요했고 인류는 기록하는 방식을 끊임없이 진화시켜왔습니다. 그리고 진화의 변곡점에서 새로운 방식이 등장할 때마다 부가 창출되었죠. 종이, 활자, 인쇄, 필름, 레코드판, 메모리 등 인류의 기록 저장 방식과 도구는 진화했고 그때마다 우리의 삶은 바뀌었습니다. 새로운 자본이 관련한 유무형의 자원에 투입되고 그 결과로 책, 영화, 음반, 데이터 산업 등 산업에 지각변동이 일어났습니다. 물론 그때마다 부를 창출한 기업과 투자에 성공한 사람들이 등장했지요. 이제 가상공간에서 기존에 할 수 없었던 새로운 경제, 사회, 문화생활을 하며 새로운 기록을 남기고, 소유하는 세상이 오고 있습니다. 새로운 부의 이동점에 주목해야 할 시점이겠지요.

제가 2분 만에 가상공간에 멋진 해안가가 보이는 섬을 만들어 사람들을 초대하고 메타버스 세미나를 하며 강연료를 받을 수 있는 세상이 올까요? 이런 놀라운 미래가 우리에게 한 걸음씩 다가오고 있는 것 같습니다.

인류의 기록매체 진화

쇼베 동굴 벽화
(B.C 30,000)
현존 최고 인류 기록

점토판
(B.C 3,000)
수메르

파피루스
(BC 800)
이집트

종이
(AD 105년)
정보 전달력 급발전

금속활자
(1234년)
상정고금예문

인쇄 책
(1450년)
정보의 대량생산

필름
(1830년)
영상 저장

레코드판
(1896년)
소리 저장

홀러리스 카드
(1896)
통계 데이터

자기드럼
(1932년)
디지털데이터

하드디스크
(1957년, IBM)
대용량화 (5MB)

플로피디스크
(1971년)
이동성

광디스크
(1976년)
이동성 + 대용량화

NAND 플래시
(1991년)
필름 시대 종결

3D NAND
(2013년)
HDD 대체

Cloud & Blockchain
(2015년)
Data Everywhere with Trust

자료: 유진투자증권

2022년 2월, 메타(Meta)는 메타버스 세계를 만드는 새로운 인공지능 도구, '빌더 봇(Builder Bot)'을 공개했는데요. 사용자가 음성 명령으로 가상세계를 만들고 각종 설정을 변경할 수 있는 인공지능 저작도구입니다. 메타는 온라인 시연에서 2명의 아바타 이용자와 빌더 봇을 등장시켰습니다. 그림에서 두 사람 사이에 있는 조그만 로봇이 바로 빌더 봇입니다. 이용자는 빌더 봇에게 가상세계의 바다 위에 작은 섬을 만들고 잔디밭과 야자수 나무 그늘, 피크닉 테이블을 만들라고 음성으로 명령합니다. 갈매기와 파도의 음향 효과를 추가하라고도 하죠. 텅 비어있던 가상공간이 음성 명령으로 2분이라는 짧은 시간에 멋진 해안가의 섬으로 변신합니다. 마크 저커버그 메타 CEO는 "사용자가 전문 개발자나 기술 지원 없이 음성 명령이라는 단순한 의사소통만으로 스스로 새로운 세계를 창조하고 설명할 수 있다. 메타버스 경험이 미래 성장을 주도할 것"이라고 강조했습니다. 이러한 모든 과정은 개발자와 그래픽 전문가들이 하던 일들인데 이제는 누구나 자신이 상상하는 가상세계를 만들 수 있는 놀라운 세상이 오고 있는 것이죠. 개발자나 그래픽 전문가가 아닌 일반인이 자신이 상상했던 가상세계를 만들 수 있다는 것은 매우 흥미로운 일이 아닐 수 없습니다.

2022년 4월 메타는 자사 메타버스 플랫폼인 호라이즌 월드(Horizon World)를 통해 NFT를 포함한 가상자산 판매 서비스를 도입하기로 했는데, 크리에이터는 가상현실 기기를 활용해 앱, 게임을 판매하는 메타퀘스트 스토어에 플랫폼 이용료 30%, 호라이즌 월드에 17.5%를 각각 수수료로 지불하는 방안을 제시했습니다. 이는 크리에이터가 호라이즌 월드 내 사용되는 아이템, NFT 등을 거래할 때 번 돈의 47.5%를 메타에게 비용으로 지불한다는 의미입니다.

가상세계에서 빌더 봇 활용 전(상), 후(하) 모습 비교

자료: 메타(Meta)

위에서 보신 가상세계는 마치 애니메이션과 같은 세상이죠. 만일 이 세상이 애니메이션 같지 않고 실제 우리가 사는 현실과 같은 공간이면 더욱 몰입감이 생길 것입니다.

2022년 6월, 메타는 가상현실 헤드셋 기기의 시제품 개발 현황을 공개했는데요. 이날 '비쥬얼 튜링 테스트(Visual Turing Test) 통과하기'

를 주제로 논의했습니다. 가상현실과 실제 현실이 시각적으로 구분 가능한지 판별하는 과정인데요. 예를 들어 가상현실에서 본 컵이 실제 컵과 같이 보여서 판별하기 어려운 수준까지 도달하면 비쥬얼 튜링 테스트를 통과하게 되는 것입니다. 아직 해결해야 할 기술적 난제가 남아있지만 마크 저커버그 메타 CEO는 현재 비쥬얼 튜링 테스트를 충족한 가상현실 헤드셋은 없다면서도 해상도와 초점, 광학적 왜곡, 밝기 차이 등을 극복하는 기기를 개발하겠다고 강조했습니다. 그는 "현실과 가상을 분간하기 어렵게 하는 3D 디스플레이는 문화마저 바꿀 것이다. 앞으로 사람들은 가상현실을 더 쉽게 받아들이고 새로운 예술이 우리 세상에 나타날 것이다"라고 언급했습니다.

앞으로 남은 과제들은 있지만, 우리가 현실과 구분하기 어려울 만큼 몰입 가능한 가상현실을 아주 빠르고 다양하게 만들 수 있고, 그 디지털 공간과 그 안에 있는 디지털 자산을 내 것으로 소유하며 다양한 경제, 문화, 사회활동을 할 수 있다면 어떤 일들이 생겨날까요? 정말 혁신적인 사업모델과 기존에 없던 문화가 형성될 것입니다. 가상공간에 특이점이 오고 있는 것이죠. 이러한 가상공간은 하나의 기술로 만들어지지 않습니다. 몰입감 있는 공간을 만드는 XR(eXtended Reality) 기술, 공간에 지능을 부여하는 인공지능 기술, 공간과 디지털 자산의 소유가 가능하게 하는 블록체인 기술, 수많은 데이터를 빠르게 처리하여 언제 어디서든 접속할 수 있게 하는 클라우드 및 5G/6G와 같은 네트워크 기술 등이 총체적으로 결합하여 기존에 없

복합 범용기술이 만드는 가상 특이점

가상공간(Virtual Space)에 특이점(Singularity) 이 온다

가상공간으로 융합하고 수렴하는
복합 범용 기술(D.N.A+XR)

* 특이점 (Singularity) : 기존의 기준이나 해석이 적용되지 않는 특이한 지점
** Big data, Block chain, Cloud 등 D(Data Technology), 5G 등 N(Network), A(Artificial Intelligence), XR(eXtended Reality)

었던 새로운 경험을 만드는 것이죠. 각각의 기술들은 전 산업에 혁신을 불러일으키는 범용기술(General Purpose Technology)입니다. 범용기술의 총체가 디지털 특이점을 만들고 새로운 디지털 부를 만들고 있습니다.

PART **3**

디지털 부의

지도

메타버스와 웹 3.0,
얼마나 돈이 되는가?

VR·AR로 대변되던 메타버스 시장

2020년 10월 이코노미스트(Economist)는 특집호 『메타버스가 온다(The Metaverse is coming)』를 발행하며 메타버스를 조명하기 시작합니다. 같은 시기에 엔비디아(NVIDIA) CEO인 젠슨 황도 GTC(GPU Technology conference) 2020 키노트 연설에서 "메타버스가 온다(The Metaverse is coming)"고 얘기하며 "지난 20년일 놀라웠다면 앞으로의 20년은 공상과학 같은 일들이 일어날 것이다"라고 언급합니다. 그리고 현실의 물리법칙을 가상공간에 구현하는 저작도구 옴니버스(Omniverse)를 발표하지요. 지난 20년은 디지털 점과 선, 면으로 사람들이 연결된 인터넷 혁명의 시기라면 이제는 가상과 현실이 융합

메타버스가 온다

Technology Quarterly | The future
The Metaverse is coming
But people need to be kept at the centre of it

Alamy

'The Metaverse is Coming'
Jensen Huang, NVIDIA

자료: 이코노미스트(Economist), 엔비디아(NVIDIA)

된 공간(Space)에서 공상과학 같은 일들이 벌어진다는 의미일 것입니다.

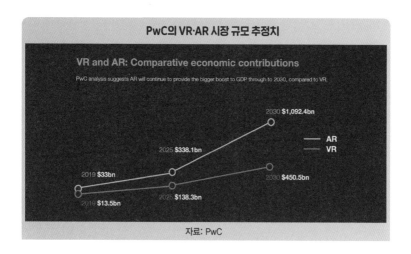

PwC의 VR·AR 시장 규모 추정치

VR and AR: Comparative economic contributions

PwC analysis suggests AR will continue to provide the bigger boost to GDP through to 2030, compared to VR.

2030 $1,092.4bn

AR
VR

2025 $338.1bn

2019 $33bn

2030 $450.5bn

2019 $13.5bn

2025 $138.3bn

자료: PwC

이처럼 2020년 10월은 메타버스가 대중들에게 본격적으로 알려지기 시작한 시기입니다. 메타버스는 세간의 주목을 받았고 이어지는 최다 질문 중 하나는 "메타버스가 온다는데, 얼마나 돈이 되나요? 얼마만큼 큰 시장이 열리나요?"였습니다.

2020년에는 메타버스 시장 규모 데이터가 별도로 존재하지 않았습니다. 마치 인터넷 초창기에 인터넷 시장 규모가 존재하지 않았던 것처럼 말이죠. 당시 이코노미스트는 특집호에서 VR(Virtual Reality), AR(Augmented Reality) 시장 규모를 메타버스로 대체하여 글로벌 컨설팅 기업 PwC(PricewaterhouseCoopers)의 전망자료를 인용하였습니다. PwC는 VR·AR 시장을 2030년까지 약 1.5조 달러(약 1,700조 원)로 전망했습니다.

메타버스 x 웹 3.0, 더 큰 시장으로 ─────────●

2021년 말부터 2022년에 본격적으로 메타버스 시장 규모가 추정되고 글로벌 컨설팅 기업과 투자 은행들이 시장 전망 수치를 발표하기 시작합니다. 2022년 6월 글로벌 컨설팅 기업 맥킨지(Mckinsey)는 11개국 3,104명의 소비자를 대상으로 한 설문조사와 15개 산업, 10개국 448개 기업의 경영진을 대상으로 한 설문조사를 통해 미래 메타버스 시장 전망이 밝을 것으로 전망했는데요. 맥킨지는 2021년 벤처캐피탈은 메타버스에 13억 달러를 투자했고, 메타버스가 2030년까지 약 5조 달러 시장으로 성장할 것으로 예측하였습니다.

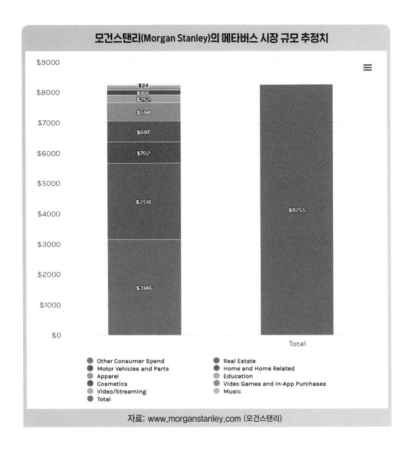

모건스탠리(Morgan Stanley)의 메타버스 시장 규모 추정치

자료: www.morganstanley.com (모건스탠리)

글로벌 투자 모건스탠리도 2022년 2월 메타버스 시장 규모를 8.3조 달러로 전망하며 다양한 산업 분야에 접목되어 새로운 기회가 창출될 것으로 분석하고 있습니다.

2021년 말, 글로벌 투자은행 골드만삭스는 메타버스 시장이 8조 달러로 성장할 것으로 전망하였습니다. 디지털 경제는 현재 세계 경

골드만삭스의 메타버스 시장 규모 추정 시나리오

	% of Digital Economy Shifting to Metaverse									
	15.0%	17.0%	19.0%	21.0%	23.0%	25.0%	27.0%	29.0%	31.0%	33.0%
10.0%	3.75	4.05	4.35	4.66	4.96	5.26	5.56	5.86	6.16	6.46
15.0%	4.51	4.81	5.11	5.41	5.71	6.01	6.31	6.61	6.91	7.21
20.0%	5.26	5.56	5.86	6.16	6.46	6.76	7.06	7.36	7.66	7.96
25.0%	6.01	6.31	6.61	6.91	7.21	7.51	7.81	8.11	8.41	8.71
30.0%	6.76	7.06	7.36	7.66	7.96	8.26	8.56	8.86	9.16	9.46
35.0%	7.51	7.81	8.11	8.41	8.71	9.01	9.31	9.61	9.91	10.21
40.0%	8.26	8.56	8.86	9.16	9.46	9.76	10.06	10.36	10.66	10.96
45.0%	9.01	9.31	9.61	9.91	10.21	10.51	10.81	11.11	11.41	11.71
50.0%	9.76	10.06	10.36	10.66	10.96	11.26	11.56	11.86	12.16	12.46

(% of TAM Expansion)

자료: 골드만삭스(Goldman Sachs)

제에서 약 20~25%를 차지하고 있으며 지속 성장 중이고, 가상경제는 디지털 경제와 동반 성장할 것이라고 분석했는데요. 골드만삭스는 메타버스 시장의 잠재 가치가 3~12조 달러까지 다양하게 도출할 수 있으며 가능한 모든 전망치의 중간값이 8조 달러라고 분석했습니다.

시티(Citi) 그룹은 2022년 3월 메타버스가 VR·AR로 협소하게 정의하면 1조 달러의 시장이지만, 웹 3.0과 NFT를 포함해 광범위하게 해석하면 2030년 8~13조 달러의 시장으로 전망된다고 발표하며 전 세계 50억 명의 사용자가 메타버스를 이용할 것이라고 언급하였습니다. 13조 달러는 한화로 약 1경 7,000조 원에 해당하는 규모이며, VR·AR로 협소하게 정의된 메타버스 시장의 13배에 달합니다.

새로운 디지털 패러다임을 특정 기업이나 언론이 만들기는 어렵습니다. 아무리 메타버스를 외쳐도 전 세계 경제를 이끌어 가는 이해관계자들이 동참하지 않으면 불가능한 일이죠. 주목할만한 변화

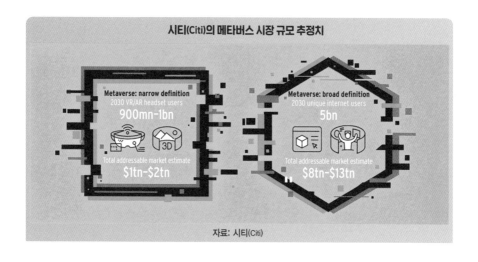

시티(Citi)의 메타버스 시장 규모 추정치

Metaverse: narrow definition
2030 VR/AR headset users
900mn-1bn
Total addressable market estimate
$1tn-$2tn

Metaverse: broad definition
2030 unique internet users
5bn
Total addressable market estimate
$8tn-$13tn

자료: 시티(Citi)

는 글로벌 테크기업, 글로벌 컨설팅 기업, 글로벌 투자은행 등 많은 경제주체가 실제 메타버스를 언급하면서 동시다발적으로 메타버스의 가치를 언급하고 메타버스를 새로운 디지털 변곡점으로 인정하기 시작했다는 점입니다. 또한, 구체적으로 메타버스 시장에 대한 전망치를 발표하고 구체화하고 있다는 점도 주목할만한 변화입니다. 2020년에는 "도대체 메타버스 시장이 얼마나 된다는 거지?"라는 질문에 답하지 못했지만 1년 동안 메타버스는 새로운 디지털 패러다임 변화를 설명하는 용어로 자리매김하면서 구체적인 전망 수치가 등장한 것이죠. 또한, 메타버스 전망치가 기존 소극적인 VR·AR로 개념으로 사용되어 오다가 웹 3.0, NFT의 개념까지 포괄하며 거대한 시장으로 커나가고 있다는 점에도 주목할 필요가 있습니다. 새로운 디지털 부가 이동하고 있다는 하나의 신호라고 할 수 있겠지요.

실제 시티그룹의 메타버스 전망 보고서에는 기존 로블록스와 같은 인터넷 기반의 메타버스와 함께 암호화폐, NFT 등 웹 3.0의 개념을 모두 포괄하고 있으며 이는 맥킨지와 모건스탠리의 분석도 마찬가지입니다.

다양한 화폐가 공존하는 세상 ────────●

인터넷 기반의 메타버스 세상 제페토에는 젬(ZEM), 로블록스에는 로벅스(ROBUX)라는 가상화폐가 존재합니다. 제페토와 로블록스에서 가상재화를 만들고 팔면 각각 젬과 로벅스를 벌 수 있고 이를 환전하면 현실에서 사용자가 원하는 현실 재화를 살 수 있죠. 이처럼, 현실과 가상을 이어주는 가상화폐가 다양하게 존재합니다.

블록체인 기반의 메타버스 세상에는 통용되는 암호화폐에는 코인(Coin)과 토큰(Token)의 개념이 존재합니다. 코인은 독립된 블록체인 네트워크, 즉 '메인 네트워크'를 가진 상황에서 암호화폐를 발행하면 이를 코인이라 부르고, 독립된 메인 네트워크가 없는 경우를 토큰이라고 표현합니다. 어느 한 개의 암호화폐가 있는데, 이 암호화폐가 독자적으로 블록체인 기술을 가지고 운영되는가, 그렇지 않은가에 따라 코인과 토큰의 차이라고 할 수 있습니다. 좀 더 쉬운 비유를

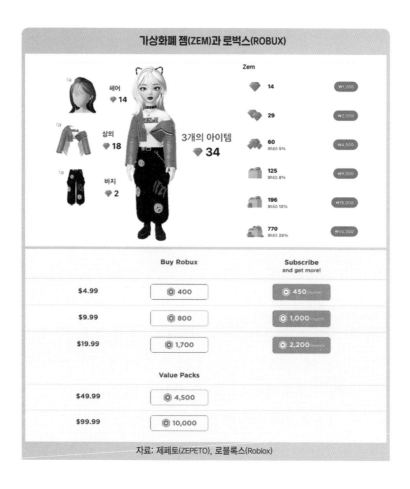

가상화폐 젬(ZEM)과 로벅스(ROBUX)

	Zem	
헤어 ◆ 14	◆ 14	₩1,200
상의 ◆ 18	◆ 29	₩2,500
3개의 아이템 **34**	◆ 60 보너스 5%	₩4,900
바지 ◆ 2	◆ 125 보너스 8%	₩9,900
	◆ 196 보너스 12%	₩15,000
	◆ 770 보너스 20%	₩55,000

	Buy Robux	Subscribe and get more!
$4.99	◎ 400	◎ 450/month
$9.99	◎ 800	◎ 1,000/month
$19.99	◎ 1,700	◎ 2,200/month
Value Packs		
$49.99	◎ 4,500	
$99.99	◎ 10,000	

자료: 제페토(ZEPETO), 로블록스(Roblox)

들자면 내 집을 소유했는지, 빌려 쓰는지에 따라 다른 것이죠. 집을 빌려서 사용하다 집을 지을 수도 있겠죠. 토큰이 코인이 될 수도 있습니다. 이오스(EOS)처럼 다른 블록체인 네트워크를 빌려 쓰다가 자신이 블록체인 메인 네트워크를 만들어서 운영하면 토큰이 코인이 됩니다. 코인과 토큰은 많은 거래소에서 거래가 되는데요. 코인마켓캡(CoinMarketCap)에 따르면 2023년 1월 19일 기준 22,315개의 암호화폐, 536개의 거래소가 있습니다.

CBDC(Central Bank Digital Currency)도 주목받고 있습니다. 지폐와 동전과 같은 기존 화폐와 별도로 중앙은행이 전적 형태로 발행한 화폐를 의미합니다. 전자형태로 거래된다는 점에서 비트코인 등 암호화폐와 비슷하지만, 중앙은행이 직접 발행하고 관리한다는 점에서 큰 차이가 있습니다. 또한, 기존 법정통화와 1대 1로 교환이 가능하다는 점에서도 차이가 존재합니다. CBDC는 현물 지폐와 같은 가치와 지위를 갖고 화폐 액면가가 정해져 있으며, 발행량이 고정되어 있지 않다는 특징이 있다. 쉽게 말해 CBDC는 중앙은행이 발행하는 종이 화폐를 디지털로 바꾸었다고 이해하시면 좋을 것 같습니다. 메타버스와 웹 3.0 시대에 다양한 화폐들이 존재하며 상호작용을 일으키며 공존해 나갈 것으로 보입니다. 다양한 화폐의 형태, 거래소의 개념을 이해하며 미래의 투자를 준비해야겠습니다.

시가 총액 기준 상위 10대 암호화폐

#	이름	가격	1h %	24h %	7d %	시가총액	거래량 (24시간)	유통 공급량	최근 7일
1	Bitcoin BTC	₩22,157,080.42	▼0.12%	▼1.36%	▼2.39%	₩426,112,784,318,570	₩22,374,829,867,351 1,009,745 BTC	19,231,450 BTC	
2	Ethereum ETH	₩1,630,483.07	▼0.09%	▲2.21%	▼4.07%	₩199,528,516,959,634	₩5,549,660,444,679 3,401,556 ETH	122,373,866 ETH	
3	Tether USDT	₩1,307.62	▼0.14%	▲0.03%	▼0.33%	₩85,921,091,250,467	₩27,301,319,635,561 20,878,696,767 USDT	65,708,194,112 USDT	
4	BNB BNB	₩367,790.12	▼0.09%	▲3.12%	▼5.46%	₩58,834,763,750,562	₩716,832,197,432 1,948,786 BNB	159,968,308 BNB	
5	USD Coin USDC	₩1,307.49	▼0.15%	▲0.01%	▼0.33%	₩55,926,283,842,661	₩2,156,310,541,577 1,649,180,627 USDC	42,773,934,674 USDC	
6	Binance USD BUSD	₩1,307.17	▼0.15%	▲0.01%	▼0.38%	₩28,888,410,488,939	₩6,005,780,887,592 4,593,441,353 BUSD	22,099,984,030 BUSD	
7	XRP XRP	₩491.81	▲0.03%	▼2.90%	▼4.62%	₩24,785,194,195,591	₩744,749,226,735 1,515,239,625 XRP	50,395,461,568 XRP	
8	Dogecoin DOGE	₩114.45	▼0.33%	▼9.80%	▼16.39%	₩15,184,752,986,424	₩770,193,148,841 6,728,313,386 DOGE	132,670,764,300 DOGE	
9	Cardano ADA	₩397.51	▼0.19%	▼2.96%	▼6.99%	₩13,703,011,369,018	₩209,140,384,522 526,349,543 ADA	34,471,824,673 ADA	
10	Polygon MATIC	₩1,157.67	▲0.05%	▼2.97%	▼6.02%	₩10,111,481,432,919	₩251,355,523,436 217,212,148 MATIC	8,734,317,475 MATIC	

자료: 코인마켓캡(CoinMarketCap)

시가 총액 기준 상위 10대 거래소

# ▲	거래	Score	Trading volume(24h)	평균 유동성	주별 방문	# 마켓	# 코인	지원 화폐	거래량 그래프 (7일)
1	Binance	9.9	₩11,682,401,794,085 ▲50.01%	947	15,017,449	1680	383	AED, ARS, AUD and +43 more	
2	Coinbase Exchange	8.0	₩1,152,480,035,679 ▲75.54%	766	925,724	602	237	USD, EUR, GBP	
3	Kraken	7.3	₩265,590,795,393 ▲74.03%	736	978,767	714	217	USD, EUR, GBP and +4 more	
4	KuCoin	6.5	₩378,163,203,775 ▲71.53%	486	1,900,432	1394	774	USD, AED, ARS and +45 more	
5	Bitstamp	6.4	₩90,847,183,133 ▲163.63%	591	254,173	159	71	USD, EUR, GBP	
6	Bitfinex	6.3	₩153,157,629,857 ▲37.40%	549	225,674	422	191	USD, EUR, GBP and +1 more	
7	Binance.US	6.1	₩273,427,432,824 ▲57.90%	687	484,762	317	149	USD	
8	Bybit	6.0	₩278,007,296,906 ▲68.43%	546	3,281,352	501	334	USD, EUR, GBP and +3 more	
9	OKX	6.0	₩764,545,789,643 ▲2.35%	495	1,537,230	785	351	AED, ARS, AUD and +43 more	
10	bitFlyer	5.9	₩28,372,344,948 ▲162.25%	595	388,426	12	9	USD, JPY, EUR	

자료: 코인마켓캡(CoinMarketCap)

디지털 부의 지도 :
메타버스와 웹 3.0 생태계

지도에서 숲과 나무를 보자

어떤 섬에서 보물을 찾는다고 한다면 섬의 구조와 그 안에 어떤 생명체가 어떻게 활동하고 있는지 알아야겠죠. 이 책을 나침반 삼아 지도에서 길을 찾아보겠습니다. 2030년까지 최대 1경 7,000조 원의 시장이 열린다는데 이 거대한 디지털 부는 도대체 어떻게 창출되고 어디서 기회를 찾을 수 있을까요? 최종 사용자에게 혁신적인 경험이 전달되기까지 구체적으로 누가 어떠한 역할을 하는지, 주위에 어떠한 환경을 고려해야 하는지 알아볼 필요가 있습니다. 가치 창출과 연관된 생태계의 구성원과 다양한 요소들을 이해해야 부의 기회가 구체적으로 어디에 존재하는지 알 수 있겠지요.

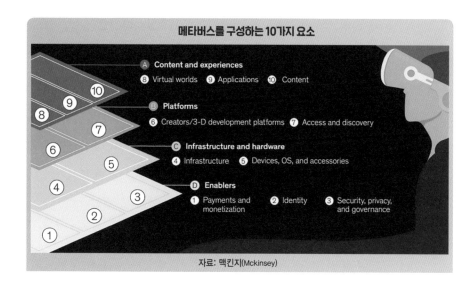

図 메타버스를 구성하는 10가지 요소

A Content and experiences
⑧ Virtual worlds ⑨ Applications ⑩ Content

B Platforms
⑥ Creators/3-D development platforms ⑦ Access and discovery

C Infrastructure and hardware
④ Infrastructure ⑤ Devices, OS, and accessories

D Enablers
① Payments and monetization ② Identity ③ Security, privacy, and governance

자료: 맥킨지(Mckinsey)

메타버스에 대한 정의가 하나로 합의되어 있지 않듯이 메타버스와 웹 3.0 생태계를 바라보는 시각도 매우 다양합니다. 하나의 정답보다 다양한 시각을 이해하고 이후에 종합하여 정리해보면 좋을 것 같습니다. 먼저 맥킨지(Mckinsey)는 메타버스는 10가지 구성요소로 구성되어 있다고 분석하고 있습니다. 메타버스에서는 ① 결제(Payments and Monetization)가 되어야 하며, ② 신원(Indentity)이 증명되어야 합니다. 그리고 ③ 보안(Security)과 프라이버시(Privacy) 이슈가 해결되어야 안전하게 활동할 수 있겠죠. 메타버스가 구현되기 위해서는 반도체와 같은 핵심 부품, 클라우드(Cloud), 네트워크(Network) 등 ④ 인프라스트럭쳐(Infrastructure)가 필요하고, 메타버스에 접속하기 위해 HMD(Head Mount Display) 등 ⑤ 소프트웨어 작동에 운영체제(OS: Operating System)가 필요합니다. 또한, 많은 가상 공간 제작을 위해 게임 엔진 등과 같은 ⑥ 소프트웨어 플랫폼(3D Development platforms)과 다양한 가상공간에 들어갈 수 있도록 지원하는 브라우저와 같은 ⑦ 플랫폼(Access and discovery)도 필요할 것입니다. 이외에도 ⑧ 다양한 가상세계(Virtual Worlds), ⑨ 애플리케이션 (Applications), ⑩ 콘텐츠(Content)가 많이 제작되고 운영되면서 많은 사람이 메타버스에서 경제, 사회, 문화생활을 할 것입니다.

미국 비머블(Beamable)사의 CEO인 존 라도프(Jon Radoff)와 딜로이트(Deloitte)는 메타버스는 크게 7가지 요소로 구성되어 있다고 보고 있습니다. 5G 네트워크, 클라우드, 반도체 등과 같은 인프라가 필요하고, 메타버스에 들어갈 때 인터페이스(Interface) 역할을 하는 장갑(Glove), 슈트(Suite) 등 웨어러블 기기 등이 필요할 것입니다. 인터페이스가 되는 기기에서 많은 정보를 보다 효율적으로 처리하기 위해 엣지 컴퓨팅(Edge Computing), 인공지능 에이전트(Agent), 블록체인 등과 같은 기술이 필요하고, 가상공간을 만드는 3D 엔진과 같은 공간 컴퓨팅 기술 또한 필요합니다. 가상공간이나 가상 아이템을 사용자가 만들어서 팔 수 있는 창작자 경제가 구현되는 부분과 다양한 가상세계를 발견하여 연결해주는 브라우저와 같은 역할을 하는 플랫폼, 플랫폼 위에서 다양한 경험을 제공해 주는 수많은 가상세계가 존재하겠지요. 요약하면 기반 시설, 장비가 필요하고, 가상공간을

디지털 부의 미래

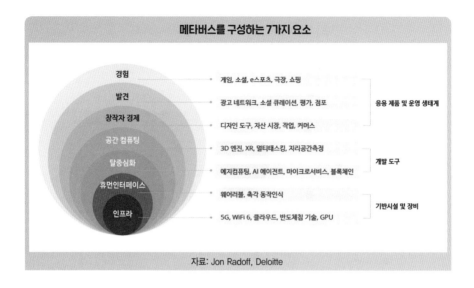

자료: Jon Radoff, Deloitte

만들고 데이터를 처리하는 개발 도구가 있어야 하며, 이를 통해 생겨나는 다양한 응용제품들이 존재하게 될 것입니다.

　가트너(Gartner)는 메타버스를 구성하는 13가지 요소에 주목하고 있습니다. 맥킨지와 딜로이트의 접근과 유사하나 차이점은 NFT, 일하는 메타버스 공간(Workplace), 메타버스에서 만나는 디지털 휴먼(Digital Human), 디지털 통화(Digital Currency) 등을 메타버스 구현에 있어서 중요한 요소로 판단하고 있습니다.

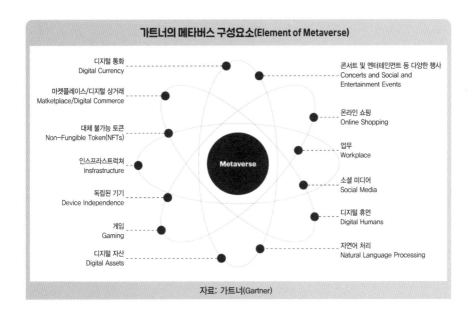

가트너의 메타버스 구성요소(Element of Metaverse)

디지털 통화
Digital Currency

마켓플레이스/디지털 상거래
Matketplace/Digital Commerce

대체 불가능 토큰
Non-Fungible Token(NFTs)

인스프라스트럭쳐
Insfrastructure

독립된 기기
Device Independence

게임
Gaming

디지털 자산
Digital Assets

Metaverse

콘서트 및 엔터테인먼트 등 다양한 행사
Concerts and Social and
Entertainment Events

온라인 쇼핑
Online Shopping

업무
Workplace

소셜 미디어
Social Media

디지털 휴먼
Digital Humans

자연어 처리
Natural Language Processing

자료: 가트너(Gartner)

메타버스를 구성하는 다양한 요소를 통해 메타버스가 어떻게 만들어지고 사용자에게 전달되는지 개략적으로 알아보았습니다. 그러면 실제 해당 요소들에서 사업을 하는 많은 기업이 존재하겠지요. 보물섬에 숲과 나무가 있으면 그 안에 다양한 생명체가 살고 있으니까요. 다음 메타버스 시장지도(Market Map of the Metaverse) 그림은 7가지 요소에서 활동하고 있는 기업들을 소개해주고 있습니다. 기업마다 역량이 다르고, 다양한 요소에 역량을 보유한 기업도 있습니다. 유사한 영역에 있는 기업들은 경쟁 중이고, 새로운 기업이 진입할 것이며 경쟁에서 밀리는 기업과 선두에 서는 기업들이 각축을 벌일 것입니다. 하나의 기업이 이 모든 요소에 경쟁력을 가질 수는 없습니다. 누군가와 협력하고, 부족한 역량을 채우기 위해 인수합병도 하겠죠. 누가 새로운 디지털 부의 기회를 가져갈지 이 생태계의 변화상을 살피고, 그 안에서 기업들은 어떻게 움직이며 어떠한 성과를 거두는지 그리고 미래를 준비하고 있는지 관심 가져야 하겠습니다.

생명체는 다양하게 정의하고 분류될 수 있습니다. 포유류만 해도 엄청나게 많은 종이 있고 특성도 다르지요. 메타버스와 웹 3.0 생태계 안에 있는 기업들도 다양하게 분류될 수 있어, 기업들을 입체적으로 볼 필요가 있습니다. 보통 메타버스 기업이라고 통칭하여 말하지만, 기업마다 다른 특성이 있습니다. 많은 분이 알고 계시는 메타버스인 제페토는 웹 2.0 기반의 메타버스입니다. 블록체인 기술이 적용되지 않아서 모든 데이터를 중앙서버에서 관리하고 아바타로 가상공간에 로그인하여 모바일 화면을 통해서 우리에게 경험을 제공합니다. 메타가 만든 메타버스 세상인 호라이즌 월드(Horizon World)는 VR HDM(Head Mount Display)라는 기기를 통해 사용자가 가상공간에 들어온 것 같은 몰입감을 느낄 수 있습니다. 더 샌드박스(SAND BOX)라는 메타버스 세상은 블록체인 기반으로 운영되고 있으며 PC나 노트북으로 접속하여 경험할 수 있는 세상입니다. 이곳에서 가상재화를 소유하면 NFT로 나의 소유임을 증명하고 거래할 수도 있죠. 스페이셜(Spatial)이라는 메타버스 세상은 VR HMD, PC, 모바일로 접속하며 블록체인 기반으로 운영되고 있어 NFT를 거래할 수 있

메타버스 시장지도(Market Map of the Metaverse)

Experience
Discovery
Creator Economy
FORTNITE
Meta
NIANTIC
wave
TOGETHER LABS
RIOT GAMES
MYTHICAL
HOLOGATE
com2us
LATITUDE
STILLFRONT
ACTIVISION BLIZZARD
SKY MAVIS
EMBRACER GROUP
NCSOFT
MINECRAFT
UBISOFT
LAMINA1
BEAMDOG
ZEPETO
Tencent 腾讯
FABLE
XBOX GAME STUDIOS
GALA GAMES
STUDIOS
Nintendo
ByteDance
NetEase Games
NEXON
DEMIPLANE
Linked in
SECOND LIFE
PLAYABLE WORLDS
Gather
VALVE
WARGAMING.NET
lilith
VeeFriends
YUGALABS
twitter
NETFLIX
Supernatural
AltspaceVR
animoca BRANDS
Loot
miHoYo
Spatial
YouTube
immersed
AZRA GAMES
Clubhouse
facebook
ODYSSEY
twitch
reddit
STAR ATLAS
zoom
facebook
unity Ads
DISCORD
Google
luna
STEAM
Google Play
EPIC GAMES STORE
STADIA
TROPOS AR
GAME JOLT
APPLOVIN
itch.io
ironSource
N3TWORK
Vungle
unity
ROBLOX
Micros
BEAMABLE
moralis
stability.ai
photon
overwo
ROKOKO
xsens
soul machines
Adobe
SANDBOX
MANTICORE GAMES
rct.ai
Hugging Fa
genvid
Decentraland
Daz 3D
IMPROBABLE
GameMaker Studio 2
SUPERWORLD
gravity sketch
async.
SUBSPAC

자료: Jon Radoff

접속 기기 및 특성에 따른 메타버스 형태

제페토(모바일 접속)

호라이즌 월드(VR 접속)

샌드박스(PC, 노트북 접속)

스페이셜(VR, PC, 모바일 접속)

자료: 각사 홈페이지

도록 지원합니다. 제가 설명해드린 네 가지 메타버스 세상은 그림으로만 보면 아바타로 로그인해서 생활하는 곳으로 비슷해 보이지만, 실제 디지털 공간을 경험하고 그 안에서 자산을 소유하고 거래하는 방식은 차이가 있습니다. 2022년 11월 기준, 제페토를 만든 네이버Z는 비상장 기업이고, 메타는 나스닥에 상장되어 있습니다. 샌드박스에서 사용되는 토큰 샌드(SAND)는 업비트와 같은 암호화폐 거래소에 상장되어 거래되고 있습니다. 기업마다 투자할 수 있는 방식도 다르고 각각의 세상에서 크리에이터로 돈을 버는 방식도 다릅니다. 비

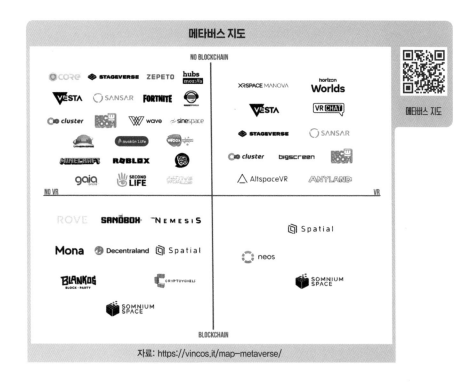

메타버스 지도

자료: https://vincos.it/map-metaverse/

숫한 메타버스처럼 보이지만 투자의 관점에서 보면 접근 방식이 다르다는 것을 이해할 필요가 있습니다.

위의 메타버스 지도를 보면 메타버스가 블록체인으로 운영되는지의 여부, 사용자가 몰입감을 느끼는 VR로 만들어진 메타버스와 휴대폰과 PC로 로그인하는 메타버스 등에 따라 다양한 기업이 존재한다는 것을 알 수 있죠. 그림 외에도 많은 메타버스 기업이 있으며 지금도 생겨나고 있습니다.

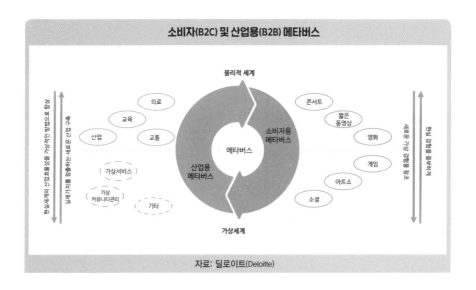

자료: 딜로이트(Deloitte)

메타버스와 웹 3.0 세상에서 기회를 찾기 위해서는 기업을 유연하게 볼 필요가 있습니다. 위의 분류는 기술의 특성과 공간의 경험방식으로 구분한 것이지만, 이외에도 우리는 아주 다양하게 기업을 바라볼 수 있습니다. 메타버스와 웹 3.0 기업이 제공하는 서비스가 다수의 대중을 위한 서비스인지, 산업용으로 기업들이 사용하는지, 공공기관 등 공공부문에서 사용하는지에 따라서도 분류할 수 있겠지요. 어떤 기업은 두 영역, 세 영역 모두 서비스를 제공하는 기업도 있습니다. 투자 대상 기업이 현재 어느 영역에 집중하고 있는지, 또 어디로 확장하려고 하는지 파악이 필요합니다. 다양한 기준으로 메타버스와 웹 3.0 기업을 구분하고 분류하며 사업을 이해해 나가면 투자에 도움이 될 것입니다.

앞에서 논의한 생태계는 메타버스와 웹 3.0을 포괄하여 해석하였지만, 웹 3.0을 별도로 분리하여 생태계의 구조를 따로 볼 수도 있습니다. 웹 3.0의 4계층(Layers) 구조는 다음과 같습니다. 먼저 프로토콜 계층(Protocol Layer)입니다. 우리는 통상 블록체인을 하나의 개념으로 말하지만, 실제 사용 측면에서 블록체인은 여러 형태가 존재합니다. A라는 기업도 블록체인 네트워크를 구축하여 운영하고, B라는 기업도 자신의 블록체인 네트워크를 운영하여 사업을 할 수 있습니다. 블록체인을 구축할 때 사용하는 프로그래밍 언어, 데이터를 처리하고 합의하는 방식 등 다양한 세부 사항에 따라 블록체인이 다양하게 구축될 수 있습니다. 데이터를 분산원의 블록체인 네트워크를 구축할 수 있다는 것입니다.

별도의 블록체인을 구축하여 운영하고 있다면 이를 메인넷(Mainnet)을 가지고 있다고 표현합니다. 블록체인 메인넷을 가지고 있으면 독자적인 암호화 화폐를 생성하고, 게임 등 다양한 블록체인 서비스를 운영하여 독자적인 경제 생태계를 구성할 수 있으므로 경쟁력을 보유한 기업들은 자신만의 메인넷을 구축하려고 하지요. 대표적인 메인넷으로는 이더리움, 리플, 폴리곤, 솔라나 등이 있고, 국내에서도 카카오가 운영 중인 클레이튼(Klaytn) 등이 있습니다. 다음 그림은 클레이튼에서 진행되고 있는 다양한 프로젝트들입니다. 금융, 게임, 엔터테인먼트, NFT 등 다양한 서비스가 이루어지고 있고 클레이튼에서 발행한 코인 클레이(KLAY)를 사용할 수 있습니다.

클레이튼(Klaytn) 블록체인에서 진행되는 프로젝트들

ALL PROJECTS

ALL PROJECTS

DEXES / DEFI

GAMING

NFT

ENTERTAINMENT

ENTERPRISE

GOVERNANCE COUNCIL

TOOLS / INFRASTRUCTURE

WALLETS

ORACLES / BRIDGES

DAPPS

CEXES / PAYMENTS

OTHERS

3space Art	A3: Still Alive	AAX	Adgo
Age of Zen	AhnLab	Airbloc	Alameda Research
Alphawallet	ALTAVA	Animal Concerts	Animal Punks V2
AQX	Banxa	Belt Finance	BiFi Finance
BiFi X	Binance	BINANCE Staking	BingX
Biport	BirdTornado	Bit2Me	Bitazza

자료: 클레이튼(Klaytn)

사용자는 여러 블록체인을 오가며 다양한 경험을 하고 싶겠지요. 이를 위해서는 누군가 중간에서 두 블록체인을 연결해야 하는데 이 역할을 브릿지(Bridge)가 수행합니다. 브릿지 기업은 서로 다른 블록체인을 연결해주며 수수료를 받는 사업모델을 가지고 있습니다. 다양한 메인넷과 브릿지가 존재하며 아래 그림은 브릿지 기업 중 하나인 애니 스왑(ANY SWAP)의 실행화면입니다. 암호화폐가 들어있는 지갑을 연동한 후, 변환할 메인넷의 코인을 정하고 이동시킬 메인넷과 코인을 옵션으로 설정한 후 실행하면 수수료를 제외한 금액이 암호화폐 지갑으로 이체됩니다.

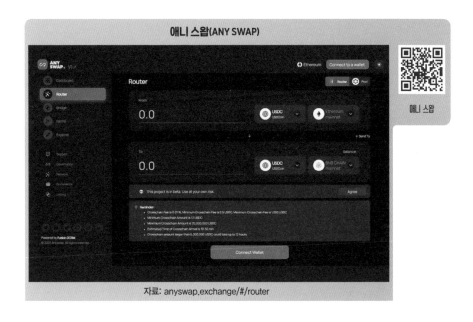

자료: anyswap.exchange/#/router

다음의 그림은 이더리움을 가지고 있는 이용자가 다양한 브릿지 기업을 활용하여 다른 메인넷의 코인으로 바꾼 금액입니다. 많은 사용자가 이렇게 브릿지를 사용하여 다양한 메인넷을 오가며 블록체인에서 활동하고 있다는 의미입니다.

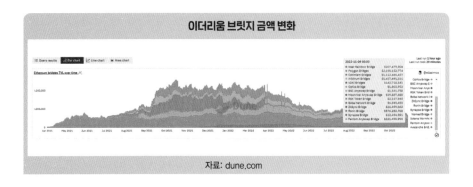

이더리움 브릿지 금액 변화

자료: dune.com

두 번째는 인프라 계층입니다. 인프라 계층의 첫 번째 요소는 보안(Security)인데요. 블록체인에서 코인을 발행하고 스마트 계약을 이행하며 사업을 하는데 기술적 위험이 존재하지 않는지 안전성이 보장되어야 암호화폐 거래소에 상장도 되고 투자도 받을 수 있겠지요. 블록체인 기업 서틱(CERTIK)은 보안 감사(Secuity Audit) 사업을 하고 있는데, 블록체인 기업들의 신뢰수준을 평가하여 공개하고 있습니다.

인프라 계층의 또 다른 요소는 저장(Store)입니다. 블록체인에서 데이터는 중앙서버가 관리하지 않고 분산하여 저장하고 관리되는데요. 파일코인(Filecoin) 등의 기업들이 이러한 분산저장 방식이 가능하도록 지원하고 있습니다. 분석(Analyze)도 인프라 계층의 한 요소입니다. 우리는 현재 웹에 있는 다양한 정보를 추출하여 빅데이터 분석을 할 수 있는데요. 마찬가지로 다양한 블록체인 네트워크에서 존재하는 수많은 데이터를 목적에 맞게 일목요연하게 정리하여 분석할 수 있도록 지원하는 기업들이 존재합니다. 코발란트(Covalent) 등

디지털 부의 미래

블록체인 보안 기업 서틱(CERTIK)

자료: www.certik.com

의 기업들이 이러한 수익모델을 가지고 있습니다.

코발란트는 이더리움 등 다양한 메인넷의 데이터를 체계적으로 정리하고, 사용자가 이를 쉽게 활용할 수 있도록 API(Application Programming Interface)를 지원합니다. API라는 말이 어렵게 느껴지실 수도 있는데요. 만일 사용자가 웹사이트를 구축하고 그 사이트 상단 오른쪽에 오늘의 날씨 정보를 실시간으로 제공하려고 한다고 가정해 보죠. 여러분이 매 순간 날씨 정보를 입력해서 일일이 넣을 수는 없겠죠. 이러한 정보는 기상청이 가지고 있을 것입니다. 만일 기상청이 실시간으로 날씨 데이터를 API로 개방하고 사용자는 API를 정보를 웹사이트에 연결만 하면 이제 날씨 정보가 실시간으로 제공될 수 있습니다. 이 과정에서 인터페이스 역할을 하는 게 API입니다.

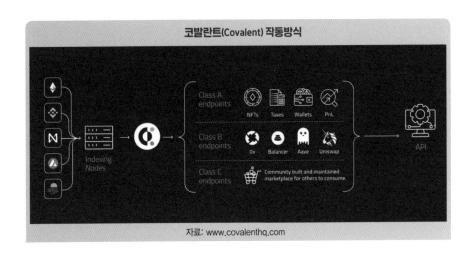

코발란트(Covalent) 작동방식

자료: www.covalenthq.com

현재 코발란트는 20개 메인넷의 다양한 데이터를 구조화하여 API(Application Programming Interface)로 제공하고 있는데요.

코발란트가 지원하는 블록체인 네트워크

자료: 코발란트(Covalent)

기업들은 코발란트의 API(Application Programming Interface)를 활용하여 3,000개의 프로젝트를 진행하여 다양한 서비스를 제공하며 사업을 추진하고 있습니다.

코발란트 API로 생겨난 다양한 사업

자료: 코발란트(Covalent)

블록체인 데이터 간의 통신(Communication)도 필요하겠지요. XMTP(Extensible Message Transport Protocol) 등과 같은 기업이 이러한 역할을 합니다. 분산형 자율조직인 DAO의 운영을 지원하는 기업도 있는데요. 보드룸(boardroom)은 기업들이 DAO를 구성하고 안건을 올리고, 투표하고, 의사결정을 할 수 있도록 도와주며 일련의 과정을 데이터로 기록하여 공유할 수 있도록 지원합니다.

보드룸(boardroom)

보드룸

자료: boardroom.io

우리는 웹 2.0의 인터넷을 사용할 때 수많은 웹사이트 도메인 주소를 만들고 등록하며 사용해왔습니다. 웹사이트 주소를 등록하고 관리하는 일도 별도의 사업이 되었지요. 웹 3.0에서도 접속 주소, ID를 식별(Identify)하고 관리하는 사업이 존재하며 대표적으로 ENS(Ethereum Name Service)가 이에 해당합니다.

거래(Transact)를 지원하는 많은 사업모델도 등장하고 발전하고 있습니다. 가상자산을 빌려주기도 하며, 예치를 통해 이자를 받기도 하는 등 다양한 기업들이 사업을 추진하고 있습니다.

세 번째는 활용 계층(Use case layer)입니다. 말 그대로 웹 3.0이 다양한 분야에 적용되고 있는데 게임, 콘텐츠, NFT 거래, 금융 등 다양한 영역이 존재합니다.

디지털 부의 미래

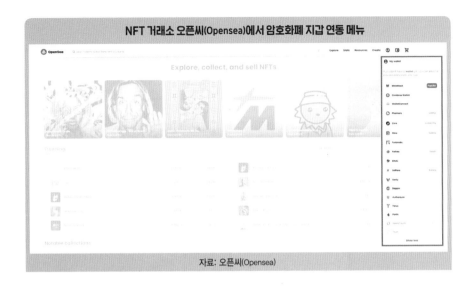

NFT 거래소 오픈씨(Opensea)에서 암호화폐 지갑 연동 메뉴

자료: 오픈씨(Opensea)

네 번째는 접속 계층(Access layer)인데요. 우리가 인터넷을 접속하여 다양한 웹사이트를 돌아다닐 때 웹 브라우저를 사용하는 것처럼 블록체인 네트워크에서 다양한 활동을 하고 정보를 얻을 때 접속하는 브라우저가 있어야겠죠. 또한, 다양한 블록체인 네트워크에서 활동하며 소유하게 된 가상자산을 담아두거나 사고팔 때 암호화폐 지갑을 활용합니다. 예를 들어 대표적인 NFT 거래소 오픈씨(Opensea)에서 NFT를 거래하기 위해서는 암호화폐 지갑을 연동시킨 후에 거래의 대가로 발생한 암호화폐를 지급하거나 받는 행위가 일어나게 됩니다. 암호화폐 지갑은 다양한 블록체인 서비스에 접속하고 시작할 때 ID 로그인 역할을 하게 됩니다.

트위터의 NFT 프로필

자료: 트위터(Twitter)

최근 웹 2.0 서비스들과 NFT과 연결점을 찾고 있습니다. 트위터가 이더리움 지갑과 연동해 실제 NFT를 표시할 수 있게 정식 지원하고 있습니다. 트위터는 유료 서비스인 '트위터 블루'에 NFT 프로필 기능을 선보였는데요. 이용자들은 자신의 이더리움 지갑과 트위터를 연동해 보유한 NFT를 프로필로 설정할 수 있습니다. 비싼 NFT를 가지고 있다면 트위터 프로필과 연동해서 나는 진짜 원본 NFT를 가지고 있다고 자랑할 수도 있게 된 것입니다.

최근 미국 최대 온라인 커뮤니티 레딧(reddit)이 NFT 거래 시장의 강자로 거듭나고 있어 주목받고 있습니다. 2022년 10월, 미국 레딧의 NFT 아바타 거래액이 24시간 기준, 20억 원을 넘었으며, 레딧의 NFT 암호화폐 지갑 이용자는 250만 명으로, 글로벌 1위 NFT 플랫폼 오픈씨의 기록을 넘어선 것으로 분석되고 있습니다. 레딧은 2005년 시작된 커뮤니티 서비스로 월 순 이용자만 약 4억 명에 달합니다. 그리고 2022년 7월, 폴리곤 기반의 NFT 마켓을 출시하고 NFT 아바타 4만 개를 제작하여 거래가 이루어지고 있는데요. 3개월 만에 암호화폐 지갑 활용자 규모가 이미 오픈씨를 넘어섰다는 점에서 주목받고 있습니다.

레딧은 단순 커뮤니티를 넘어 기업의 고객 확보 채널로도 활용되고 있는데요. 기업 간 거래 관련 배너·검색·전면·피드 광고 등을 제공하고 있는데 코로나 팬데믹을 거치며 기업 웹 광고 수요가 급증하며 2022년 2분기 레딧의 광고 수익은 약 10억 달러(약 1조 2,400억 원)로 전년 대비 90% 늘었고 2020년 동영상 플랫폼 '덥스매쉬(Dubsmash)'를 인수하여 영상 제작 서비스를 출시하기도 했습니다. 향후 비영어권 국가로 진출해 서비스 제공 범위를 확장하는 한편 커뮤니티 멤버십 강화 등을 통해 수익성 강화에 나설 예정인데요. 레딧은 기업공개(IPO)를 추진 중이며 2022년 4월 기업가치는 150억 달러(약 18조 5,000억 원)로 평가받고 있습니다. 웹 2.0 기반의 서비스가 웹 3.0을 어떻게 받아들이며 활용하고 있는지 변신하고 있는지

레딧(reddit)의 NFT 마켓플레이스

자료: 레딧(reddit)

도 투자의 관점에서 매우 중요하다고 할 수 있겠죠.

웹 3.0의 생태계 구조를 4가지 계층으로 구분하여 설명해드렸습니다. 이 커다란 생태계를 움직이기 위해서 다양한 사업을 하는 많은 기업이 존재하고 이 기업들은 새로운 디지털 연결을 만들며 부를 만들어 가고 있겠지요. 웹 2.0을 넘어 웹 3.0으로 메타버스와 연계하여 새로운 세상을 만들어 가는 기업들을 주목해야 할 시기입니다.

NFT도 별도의 생태계 관점에서 바라볼 필요가 있습니다. NFT를 만들고 거래하기 위해서는 블록체인 네트워크 등 인프라가 필요하고, 암호화폐 지갑도 필요하죠. 또한, NFT는 음악, 컬렉터블, 스포츠,

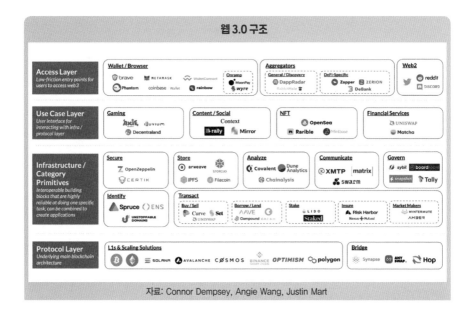

자료: Connor Dempsey, Angie Wang, Justin Mart

금융, 게임 등 적용 범위가 넓어 관련 서비스를 제공하는 많은 기업이 존재합니다. 다양한 NFT 거래소가 존재하고 메타버스에서 거래할 수 있도록 하는 기업들도 존재하죠. 이처럼 NFT 생태계 안에 다양한 분야의 기업들이 역할을 하고 있음을 인지하고 투자 분야와 대상을 선별해야 할 것입니다. NFT의 생태계 전반을 이해하고 어떠한 기업들이 있는지 파악이 되었다면 어떤 NFT 프로젝트에 투자할지 고민하게 되는데 해당 기업의 백서(Whitepaper)를 통해 프로젝트 구성 인력의 이력, NFT 프로젝트의 로드맵(Road Map), NFT 보유자에게 주는 혜택 등 다양한 요소를 확인해 볼 필요가 있습니다. 또한, NFT 프로젝트에서 커뮤니티 활동이 활발한지, 투자유치 상황은 어

NFT 생태계

자료: kyros.ventures

떠한지, 세부 운영을 어떻게 하고 있는지 등 다양한 요소를 고려해야 합니다. 실제 러그풀(Rug Pull)이라 불리는 사기성 프로젝트, 즉 개발자가 프로젝트를 갑자기 중단하고 사라지는 경우도 발생하기 때문에 투자 시 유의해야 합니다.

기업 관점에서 본 생태계 ──────────────●

새로운 디지털 부의 기회를 찾기 위해서 생태계를 다양한 측면에서 이해할 필요가 있는데요. 전체의 관점에서 부분을 보고, 부분에서 전체를 볼 필요도 있습니다. 기업이 어떠한 관점으로 생태계를 어떻게 바라보고 어떠한 요소를 중요하게 생각하고 있는지 파악하는 과정도 투자에 있어서 중요한 부분이기 때문입니다. 생태계 안에서 기업이 어떻게 생존해 나갈지, 무엇을 중요하게 생각하는지, 현재 어떠한 준비를 하고 있는지 파악하면 투자기회 발굴 측면에서 도움이 될 것입니다.

회사의 사명을 페이스북에서 메타로 바꿀 만큼 메타버스에 진심인 기업 메타(Meta)는 메타버스를 구현하기 위해 어떠한 요소에 주목하고 있을까요? 메타는 8가지 중요한 특징에 주목하고 있습니다. 먼저, 실제 현장에 있는 듯한 실재감(Presence)을 중요한 요소로 판단하고 있습니다. 사람들은 다양한 형태의 가상공간을 원할 것이고 게임과 같은 가상세계도 있지만, 현실 복제 공간처럼 실사 같은 가상세계도 들어가고 싶어 할 것입니다. 가상공간에 들어갔는데 실제와 가상을 구분하기 어려울 만큼 실재감이 있다면 놀라운 경험을 만들어 낼 수 있겠죠. 튜링 테스트(Turing test)라는 개념이 있습니다. 인공지능의 우수성을 측정하는 실험이라고 할 수 있는데요. 1950년 영국의 수학자인 앨런 튜링이 제안한 인공지능 판별법을 의미합니다.

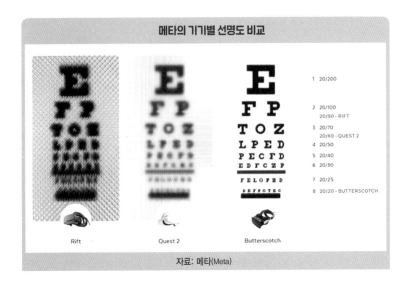

메타의 기기별 선명도 비교

1	20/200
2	20/100
	20/90 - RIFT
3	20/70
	20/60 - QUEST 2
4	20/50
5	20/40
6	20/30
7	20/25
8	20/20 - BUTTERSCOTCH

Rift   Quest 2   Butterscotch

자료: 메타(Meta)

튜링 테스트는 질의응답 등을 통해 기계가 인간 수준의 지능이 있는 지를 가려냅니다. 질문자가 컴퓨터 화면을 통해 컴퓨터와 사람과 각각 대화하고, 이때 질문자는 상대방이 컴퓨터인지 사람인지 알 수 없습니다. 여러 문답을 주고받은 후에 질문자가 어느 쪽이 컴퓨터인지를 판별해내지 못하면 테스트를 통과한 것입니다. 목소리를 통해 튜링 테스트를 진행해서 컴퓨터인지 아닌지 판별할 수도 있겠지요. 이러한 튜링 테스트를 시각으로 적용한 게 시각 튜링 테스트이고 향후, 사람이 가상과 현실의 구분이 어려운 지점에 이를 수도 있을 것입니다. 메타는 시각적 튜링 테스트(Visual Turing Test)를 통과하기 위해 구현되어야 할 기술들로 올바른 초점과 사물의 깊이를 측정하는 '다초점' 기술, 1.0 시력을 능가하는 해상도, 왜곡 교정 등을 꼽고 있으며 이러한 제약을 극복하기 위한 연구 결과들을 보여주고 있습니다. 메타가 2022년 6월 연구성과로 공개한 버터 스카치 가상현실 헤드셋의 경우 기존 기기보다 매우 선명하게 가상세계가 보임을 알 수 있습니다. 기업의 자원이 실재감을 구현하기 위해 투자되고 있고 이는 비용이며 이러한 결과를 향후 어떻게 활용할지가 관건일 것입니다.

메타는 메타버스에서 자신을 표현하는 아바타(Avatar)도 중요한 요소로 보고 있습니다. 그렇다면 메타의 가상세계인 호라이즌 월드에서 사용자들이 만드는 아바타들이 만족할 만한 수준인지 알아야겠죠. 2022년 8월, 마크 저커버그 메타 CEO가 자신의 페이스북에 게시한 한 사진으로 인해 조롱을 받았었습니다. 저커버그는 프랑스와 스페인에서 호라이즌 월드(Horizon Worlds)를 시작한다고 말하며 에펠탑과 바르셀로나 성가족성당(사그라다 파밀리아) 앞에서 자신 스스로 촬영한 가상현실 3D 아바타 모습을 올렸습니다.

문제는 이 3D 아바타 이미지의 품질이 낮은 데서 생겼는데요. 아바타의 눈에는 영혼이 없고, 배경은 조악해 보였습니다. 메타는 수조 원을 투자해서 메타버스 세계를 만들고 있는데, 저크버그의 아바타는 초라해 보이니 사람들은 실망한 것이죠. 포브스(Forbes)는 "저커버그는 그의 메타버스가 얼마나 나쁘게 보이는지 이해하지 못하나?"라고 지적했습니다. 실망과 조롱의 목소리가 여기저기서 들리자

수정전 마크 저커버그 호라이즌 아바타

자료: 마크 저커버그 페이스북

수정 후 마크 저커버그 호라이즌 아바타

자료: 마크 저커버그 페이스북

디지털 부의 미래

(Teleporting) 등이 중요하게 고려하고 있으며, 메타버스에서 프라이버시와 안전(Privacy & Safety)도 핵심 요소 중 하나로 보고 있습니다.

2021년 11월, 메타의 호라이즌 월드가 출시 전 테스트 하던 기간 중 한 참가자가 자신이 호라이즌 월드에서 낯선 사람에게 성추행을 당했다고 밝혔습니다. 메타는 가상세계의 문제점으로 제기된 온라인 성희롱 등 아바타 괴롭힘을 방지하기 위해 1.2m 거리두기 기능을 도입했습니다. 메타는 이용자들의 아바타 주위에 개인 경계선이라는 공간을 부여하고 아바타끼리 4피트, 1.2m 거리를 유지하도록 했습니다. 예를 들어 A 사용자의 아바타가 B 사용자 아바타에 접근하더라도 B 아바타의 개인 경계선 내로 진입할 수 없도록 기능을 추가한 것이죠. 메타는 아바타 간 거리두기 기능이 자리 잡으면 사용자 스스로 개인 경계선의 범위를 설정하는 기능을 추가하는 방안도 고려하고 있습니다. 메타버스에서 안전의 문제가 제기되었지만 빠르게 기술적인 조치로 대응한 것입니다.

메타는 가상재화(Virtual Goods)로 중요하다고 판단하고 있습니다. 가상재화는 메타가 만들어서 팔 수도 있고, 크리에이터들이 제작하여 판매할 수도 있을 것입니다. 가상재화에 NFT가 도입될 것인지의 유무도 중요한 요소일 것입니다. 메타는 NFT를 도입을 계획하고 있으며 수수료는 거래 가격의 47.5%를 부과하기로 했다고 밝힌 바 있습니다. 메타 측은 30%는 가상현실 HMD(Head Mount Display) 오큘

러스 퀘스트에 활용되는 앱과 게임을 판매하는 메타 퀘스트 스토어에 돌아가고 17.5%는 가상현실 플랫폼 호라이즌 월드의 수익이라고 설명했습니다. 하지만 이는 NFT 거래 플랫폼 오픈씨의 수수료가 2.5%임을 고려하면 매우 큰 규모입니다. 크리에이터가 돈을 얼마나 벌 수 있는 메타버스 세상인지도 매우 중요하겠지요.

메타버스에서 자연스러운 조작 환경(Natural Interface)을 지원하여 현실 공간처럼 자연스러운 소통이 가능하게 하는 것도 중요할 것입니다. 메타버스에서 서로 햅틱 글로브(Haptic Glove)를 끼고 악수하면 실제 만나서 악수하는 것처럼 촉각을 느낄 수 있는 것도 한 예이고 실제 이러한 장갑을 개발하고 있습니다.

메타가 개발 중인 햅틱 글로브(Haptic Glove)

자료: 메타(Meta)

　이상에서 메타라는 기업이 자신들의 메타버스 세상을 만들 때 중시여기는 요소들과 현재 일어나고 있는 상황, 가능성과 문제들, 그리고 다가올 미래에 대해 살펴보았습니다. 어떤 요소는 잘 준비되어 가고 있고, 다른 측면에서는 문제가 있으며, 향후 투자되어야 할 비용과 기술이 구현된 후 실제 비즈니스에 적용이 되어 수익이 발생할지, 경쟁상황은 어떻게 전개될지 투자자는 여러 가지 요소를 고려해야겠지요. "메타가 메타버스를 하니까, 메타버스는 유망하다고 하니까 투자한다"라는 것은 매우 위험한 생각입니다. 전체 메타버스 생태계와 기업에서 바라보는 생태계, 현재의 문제점과 가능성을 종합적으로 고려해야 하겠죠. 메타가 중요시하는 메타버스의 요소들을 정리하면 다음과 같습니다.

구분	내용
실재감 (Presence)	실제 현장에 있는 듯한 느낌
아바타 (Avatars)	메타버스에서 자신을 표현하는 수단
개인 공간 (Home Space)	사진, 영상, 디지털 상품을 보관하는 개인 공간
순간이동 (Teleporting)	언제든 원할 때 다양한 가상세계로 이동 가능
상호운용성 (Interoperability)	아바타, 디지털 아이템을 다양한 앱과 경험에 호환 적용
프라이버시/안전 (Privacy & Safety)	개인정보보호와 안전은 첫 단계부터 메타버스에 내재
가상재화 (Virtual Goods)	사진, 영상, 예술, 음악, 영화, 책, 게임 등 가상 상품
자연스러운 조작 환경 (Natural Interface)	자연스럽게 기기와 상호작용하는 익숙한 사용 환경

자료: 메타 자료 재구성

디지털 부의 미래

로블록스도 자신들의 메타버스 세상을 만들어 가는데 8가지 중요한 요소를 제시하고 있습니다. 아바타로 표현되는 정체성(Identity), 상호작용할 수 있는 사용자인 친구(Friends), 현실과 구분하기 어려울 정도로 실감있는 경험 몰입감(Immersive), 사용자들의 흥미를 유발하는 방대하고 다양한 경험(Variety), 어디에서든(Anywhere) 접속 가능한 환경, 크리에이터가 돈을 버는 경제(Economy)구조, 안전하고 성숙한 시민의식이 존재하는 곳(Civility)을 중요하게 생각하고 있습니다.

로블록스의 메타버스 주요 구성요소

구분	내용
정체성 (Identity)	다양한 형태의 아바타로 표현되는 나
친구 (Friends)	상호작용할 수 있는 사용자들

몰입감 (Immersive)	현실과 구분하기 어려울 정도로 실감있는 경험
손쉬운 경험 전환 (Low Friction)	쉽게 즐길 수 있고 빠르게 전환할 수 있는 경험
다양성 (Variety)	사용자들의 흥미를 유발하는 방대한 경험
모든 장소 (Anywhere)	나라, 문화와 무관하게 어디에서든 제한 없는 접속
경제 (Economy)	창작, 노동에 대한 대가를 지불하는 경제 시스템
시민성 (Civility)	안전하고 성숙한 시민의식

자료: 로블록스 자료 재구성

블록체인 메인넷 중 하나인 솔라나를 생태계 관점에서 보면, 솔라나에 연동되는 암호화폐 지갑은 어떤 종류가 있는지, 솔라나 메인넷 위에서 구현되는 서비스 얼마나 많은지, 솔라나에서 발행한 코인은 어떠한 거래소에서 거래가 되고 있는지, 거래소는 믿을 수 있는 곳인지 등 정말 다양한 요소가 존재합니다. 솔라나 메인넷에 투자하거나, 솔라나에서 구현되는 금융 등 다양한 서비스에 투자할 때 관련된 생태계 요소를 살피고, 웹 3.0과 메타버스 생태계 전반에 일어나고 있는 변화에도 관심을 가져야 할 것입니다. 새로운 디지털 부가 형성되는 생태계와 그 생태계 안에서 기업들이 중요하게 생각하는 가치와 세상을 종합적으로 볼 수 있는 시각을 가져야 하겠습니다.

디지털 부의 미래

자료: 솔라나(SOLANA)

PART

4

디지털 부의

미래를 보는 통찰

투자관점에서
기회의 창(Windows of opportunity)을 보자

기회의 창(Windows of opportunity)과 투자

디지털 연결이 진화하는 과정에서 시장을 선도하는 기업이 나타나고 이를 추격하는 기업이 생겨나며 후발 기업이 선도기업을 추월하는 일도 생깁니다. 전혀 예상치 못했던 경쟁자가 판도를 흔들기도 하지요. 투자의 관점에서 보면 기업가치가 변동하고 투자의 대상이 바뀌는 것입니다. 이러한 변화는 기술의 패러다임이 변화하는 시기에 주로 생겨나고 기존에 없던 기회(Opportunity)를 만들죠. 새로운 혁명의 초기에 기회의 창(Windows of opportunity)이 열리는 시기입니다.

기회의 창은 새로운 기술 패러다임의 등장하거나, 새로운 수요가 생겨날 때, 정책과 제도의 변화가 생길 때 주로 나타나며 이 3가지

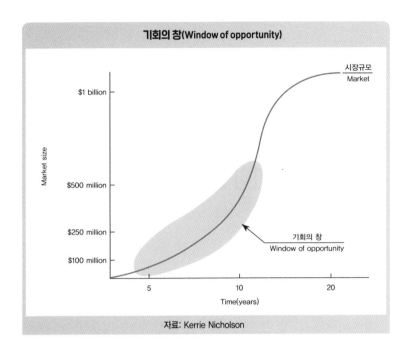

기회의 창(Window of opportunity)

시장규모
Market

$1 billion

$500 million

$250 million

$100 million

Market size

5   10   20

Time(years)

기회의 창
Window of opportunity

자료: Kerrie Nicholson

요소가 복합적으로 작용하기도 합니다. 예를 들면 기술의 진화로 스마트폰이 등장하고, 관련된 기기와 서비스 사용을 주도하는 젊은 연령층이 늘어나며, 정부에서 스마트폰 사용 관련 보조금 경쟁을 허용한다면 기회의 창이 크게 열리겠죠.

유선 인터넷 혁명, 모바일 스마트폰 혁명의 시기에도 이러한 기회의 창이 열렸고 이를 기회로 시장을 선도하는 기업이 생겼으며 기존의 1위 기업은 선발주자의 덫(Incumbent Trap)에 빠지기도 했습니다. 새로운 혁명에 대한 불확실성, 지나친 우려로 인해 그 가치를 평가

절하하거나, 이로 인한 소극적 투자와 신기술 채택의 지연하는 현상이 생깁니다.

과거 피쳐폰의 시대에 강자는 노키아(NOKIA)였습니다. 스마트폰 혁명이 시작되었고 돌아보면 노키아는 3가지 선택지가 있었을 것 같습니다.

첫 번째, 현재 경영방식을 유지하는 것(Business as usual) 입니다. 현재 피쳐폰 1위니까 스마트폰을 신경 쓰지 않고 현재 경영상황을 유지하는 것이죠. 이 경우 스마트폰 보급이 확대되며 피쳐폰의 수익이 적자로 전환하는 시기가 빠르게 다가옵니다.

두 번째, 현재 경영방식을 개선하고 최적화(Optimization)하는 것입니다. 현재 노키아가 잘하는 피쳐폰을 개선하고 기능을 최적화하여 스마트폰에 대응하는 것이죠. 수익이 적자로 전환하는 시기를 첫 번째 방식보다 늦출 수는 있지만 결국 적자로 전환하게 되고 주도권이 넘어갑니다.

세 번째, 스마트폰에 비전을 두고(Vision guided transition) 투자하여 변화에 대처하는 것입니다. 투자 비용이 들어가더라도 수익이 개선되고 새로운 시장에서 입지를 다질 기회가 존재했을 것입니다.

물론 세 가지 상황도 사후 결과적인 해석이고 보다 다양한 경쟁 시나리오가 복잡하게 전개될 수 있습니다. 비전을 두고 투자하여 사업을 전환해도 경쟁에서 밀려날 수 있으니까요. 수많은 경우의 수를 뒤로하고 크게 3가지 대처가 있을 수 있었고, 이는 결국, 노카아

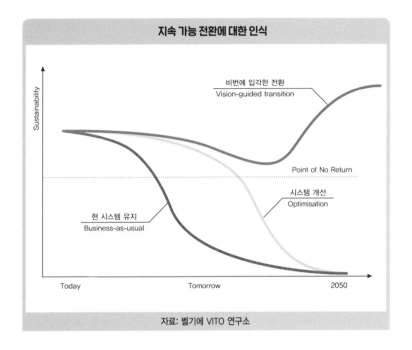

지속 가능 전환에 대한 인식

Sustainability

비번에 입각한 전환
Vision-guided transition

Point of No Return

시스템 개선
Optimisation

현 시스템 유지
Business-as-usual

Today   Tomorrow   2050

자료: 벨기에 VITO 연구소

의 기업가치 변동 그리고 투자와 연관되는 이슈였습니다. 삼성전자의 경우 당시 비전에 입각한 전환을 시도했던 경우라고 할 수 있을 것입니다. 투자의 관점에서 스마트폰은 세상을 바꿀 것인가, 노키아는 어떻게 대처하는가를 유심히 살펴보고 계속 투자를 이어갈지 투자금을 회수하고 다른 기업에 투자할지 결정했었어야겠죠.

인공지능도 유사한 사례입니다. 맥킨지(Mckinsey)는 조직 관리와 프로세스 혁신을 통해 인공지능을 흡수한 기업과 그렇지 못한 기업의 성과에 대한 시뮬레이션 결과를 발표했는데요. 결과에 따르면 인

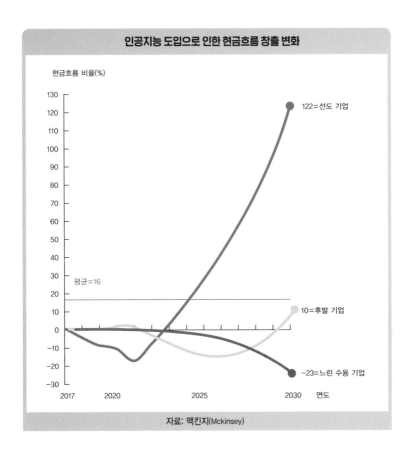

인공지능 도입으로 인한 현금흐름 창출 변화

현금흐름 비율(%)

122=선도 기업

평균=16

10=후발 기업

-23=느린 수용 기업

2017　2020　2025　2030　연도

자료: 맥킨지(Mckinsey)

공지능을 선도적으로 도입한 기업의 현금 흐름은 122% 좋아지며 앞으로 시장을 주도할 것이고, 인공지능 투자가 상대적으로 늦은 후발 기업들의 현금흐름은 10% 개선될 것이라 분석하였습니다. 가장 느리게 인공지능을 수용한 기업은 현금흐름이 23% 감소하여 적자에 빠져 도태되어 인공지능이 앞으로 기업의 생존 문제를 결정할 것이라는 점을 지적했습니다. 실제 인공지능은 메타휴먼(Meta Human)

을 만들고, 메타버스 세상에서 사용자의 편의성, 상호 작용 개선에 유용하기 때문에 메타버스와 웹 3.0도 유사한 패턴을 보일 것입니다. 새로운 변화를 먼저 이해하고 투자를 선행하는 기업과 늦게 변화를 수용한 기업, 마지막까지 수용하지 않는 기업들이 나타날 것이고 이들 기업 간 성과는 시간을 두고 나타나게 될 것입니다. 기회의 창이 열리는 순간을 우리가 투자관점에서 주목해야 하는 이유입니다.

메타버스와 웹 3.0이 만드는 기회의 창(Windows of opportunity)

기회의 창(Windows of opportunity)은 혁신 기술의 등장으로 인한 패러다임 변화, 수요의 변동, 정책의 변화에서 생기는데요. 메타버스는 XR(eXtended Reality), 인공지능, 데이터, 네트워크, 클라우드, 블록체인 등 다양한 IT 기술의 유기적 연동을 통해 구현된다는 측면에서 혁신 기술의 조합이 만드는 패러다임의 변화라고 할 수 있습니다.

메타버스를 사용하는 새로운 수요층이 부상하고 있는지도 중요하겠지요. 실제 메타버스로 사람들이 모이고 있는데요. 2022년 말 기준 메타버스의 월간 활성 사용자(Monthly Active User)는 4억 명에 달하고 있습니다. 단순히 가입자 사람의 수가 아니라 활발하게 활동하는 사람의 수가 전 세계에 4억 명이나 된다는 거죠. 이는 커뮤니

메타버스 구현 주요 기반 기술	
구분	주요 역할
XR(확장현실)	현실과 가상(디지털) 세계를 연결하는 인터페이스로, 현실과 가상세계의 공존을 촉진하고 몰입감 높은 가상융합 공간 구현
디지털트윈	가상세계에 현실세계를 3D로 복제하고 동기화한 뒤 시뮬레이션·가상훈련 등을 통해 지식의 확장과 효과적 의사결정 지원
블록체인	메타버스 창작물에 대한 저작권 관리, 사용자 신원확인 및 데이터 프라이버시 보호, 콘텐츠 이용내역 모니터링 및 저작권료 정산 등 지원
인공지능	메타버스 내 데이터 및 사용자 경험 학습, 실시간 통·번역, 사용자 감성 인지 및 표현, 디지털 휴먼 등을 통해 현실과 가상세계 간 상호작용 촉진
데이터	실세계 데이터 취득 및 유효성 검증, 데이터 저장·처리·관리 등 수행
네트워크	초고속·초저지연 5G/6G 네트워크, 지능형 분산 컴퓨팅(MEC) 등을 통해 대규모 이용자 동시 참여, 실시간 3D·대용량 콘텐츠 서비스 제공
클라우드	이용자 요구나 수요 변화에 따라 컴퓨팅 자원을 유연하게 배분

자료: 범부처 메타버스 신산업 선도전략

티 서비스 레딧(Reddit)이나 핀터레스트(Pinterest)의 월간 활성 사용자 수와 비슷하고, 미국과 영국의 인구를 합한 수와 가까운데요. 로블록스, 마인크래프트, 포트나이트의 비중이 높고 제페토 등 새로운 메타버스 서비스 사용자가 빠르게 늘어나고 있습니다. 제페토 서비스의 가입자 수는 3.2억 명에 달하고 월간 활성 사용자 수는 2,000만 명에 달합니다.

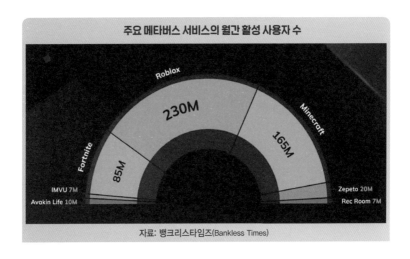

주요 메타버스 서비스의 월간 활성 사용자 수

Roblox

230M

Minecraft

165M

Fortnite

85M

IMVU 7M
Avakin Life 10M

Zepeto 20M
Rec Room 7M

자료: 뱅크리스타임즈(Bankless Times)

메타버스 월간 활성 사용자(Monthly Active User) 4억 명의 평균 사용자 나이는 12~13세인데요. 메타버스 사용자의 평균 연령이 낮다는 점을 고려할 때 메타버스 월간 활성 사용자는 앞으로도 꾸준히 증가할 것으로 전망됩니다.

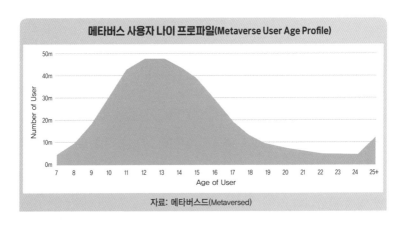

메타버스 사용자 나이 프로파일(Metaverse User Age Profile)

자료: 메타버스드(Metaversed)

메타버스 사용자 나이를 누적 분포로 보면 사용자의 절반 이상 (51%)이 13세 이하라는 것입니다. 전체 사용자의 78.7%가 16세 이하이고 무려 18세 미만은 83.5%입니다. 미래를 이끌어 나갈 세대들이 대부분 메타버스에서 많은 시간을 보내고 있습니다.

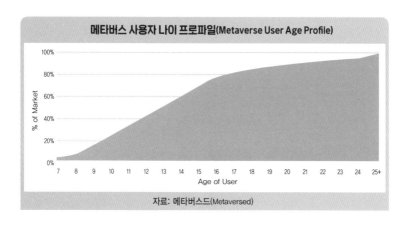

자료: 메타버스드(Metaversed)

18세 이상 성인들은 메타버스를 어떻게 생각하고 있을까요? 2022년 1월 발표된 18세 이상 성인을 대상으로 한 설문 결과를 보면 74%가 메타버스에 가입하거나 가입을 고려할 것으로 조사되었습니다. 41%는 물리적 세계에서 할 수 없는 일을 경험하기 위해, 38%는 사람들과의 연결을 위해서라고 응답했으며, 28%는 메타버스를 현실로부터의 도피처로 인식하고 있었습니다.

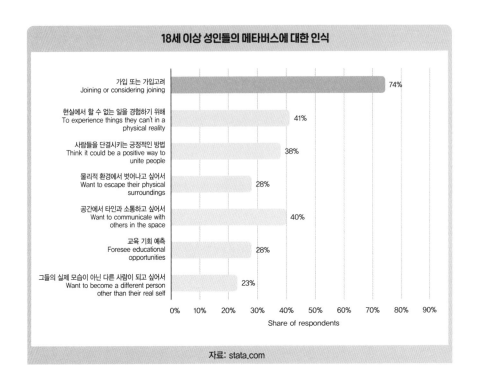

18세 이상 성인들의 메타버스에 대한 인식

가입 또는 가입고려 Joining or considering joining	74%
현실에서 할 수 없는 일을 경험하기 위해 To experience things they can't in a physical reality	41%
사람들을 단결시키는 긍정적인 방법 Think it could be a positive way to unite people	38%
물리적 환경에서 벗어나고 싶어서 Want to escape their physical surroundings	28%
공간에서 타인과 소통하고 싶어서 Want to communicate with others in the space	40%
교육 기회 예측 Foresee educational opportunities	28%
그들의 실제 모습이 아닌 다른 사람이 되고 싶어서 Want to become a different person other than their real self	23%

Share of respondents

자료: stata.com

2022년 세계경제포럼은 시장분석기관인 입소스(Ipsos)와 메타버스 관련 설문조사를 실시했고 그 결과, 세계 29개국 성인 중 약 절반(52%)이 메타버스에 익숙하고, 일상생활에서 확장된 현실(eXtended Reality)에 관여하는 것에 관해 긍정적이다라고 답변했다고 합니다. 메타버스에 대한 친숙도와 호감도는 또한 젊은 성인, 높은 수준의 교육을 받은 남성들이, 그렇지 않은 노인들이나, 대학 수준의 교육을 받지 않은 사람들, 그리고 여성들보다 훨씬 더 높은 것으로 나타났다. 응답자들은 메타버스가 향후 10년 동안 사람들의 삶을 크게 바꿀 것이라는 데에 대부분 공감했다고 합니다. 2022년 5월 CNBC 의 보도자료에서는 미국 성인 3명 중 1명은 메타버스에서 재미보다 두려움 느끼며, 응답자 60%는 메타버스의 개념이 익숙하지 않다고 응답했습니다.

18세 미만의 세대들은 이미 메타버스에서 많은 시간을 보내고 있으나, 18세 이상의 성인 중에서 다수는 메타버스라는 새로운 세상이 열릴 것이라는 생각을 하면서도, 그 안에 여러 감정이 교차하고 있음을 알 수 있습니다. 다양한 해석이 있을 수 있지만, 현재 만들어진 메타버스 세상은 젊은 층이 소통하며 다양한 활동하기 적합하게 만들어져 있습니다. 아직 모든 연령층이 다양하게 경험할 만큼 많은 메타버스가 만들어져 있지 않은 것이죠. 앞으로 말 그대로 가상공간의 집합체라는 표현처럼 다양한 연령층에서 많은 사람에게 새로운 경험 가치를 제공하는 메타버스가 만들어져야 사람들에게 공감을 얻을 것입니다. 또한 그런 메타버스를 만드는 기업들이 부를 창출하겠지요. 18세 미만이 아닌 고령층만을 위한 메타버스는 가능할까요?

타임지가 선정한 2022년 100대 기업 중 하나로 선정된 스타트업 렌데버(Rendever)는 노인들을 위한 메타버스를 만들며 사업을 하고 있습니다. 렌데버(Rendever)는 미국, 캐나다, 호주 등 450여 개 시설과 협력해 노인 돌봄 및 치료 분야에 가상현실을 도입하고 있습니다. 특히, 치매를 비롯한 기억력 감퇴와 우울증, 고립감 등을 호소하는 노년층에게 가상현실 요법이 효과가 있다고 분석되고 있는데요.

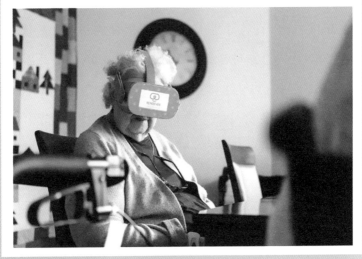

2018년 MIT 연구팀은 가상현실 회상요법이 노인의 정신 활동을 자극해 행복감을 높이며 우울감, 고립감, 불안 장애를 치료하고 인지능력 등을 높인다고 보도한 바 있습니다. 가상현실을 통해 노인의 기억 속 과거 환경을 만들기도 하고, 젊은 시절을 회상하고 경험하기도 합니다. 이러한 과정이 뇌의 기억력과 인지력을 자극해 치매 예방 및 치료에도 활용된다고 합니다. 가상현실로 버킷리스트를 달성하기

도 하고, 과거 여행했던 나라를 다시 가보기도 하고, 젊은 시절 추억의 장소로 순간 이동하기도 합니다. 또한, 단순히 과거 경험에만 머무르지 않고 친척이나 친구의 결혼식, 장례식 등에서 녹화된 3D 비디오로 구현한 가상 행사에 참석하는 등 기존에 없던 새로운 경험을 제공하고 있습니다.

이처럼 메타버스는 이미 고객층을 확보하고 있고, 새로운 수요를 만들고 있습니다. 기회의 창이 열리는 것이죠. 앞으로 기업들은 이러한 새로운 영역들을 계속 발굴하고 사업을 일구며 기업가치를 높여갈 것입니다. 새로운 메타버스 기업의 탄생과 그들의 사업, 미래가치에 주목해볼 필요가 있습니다.

메타버스는 정책 측면에서도 기회의 창이 열리고 있습니다. 해외 주요국을 중심으로 메타버스 육성, XR/NFT 등 메타버스와 밀접한 분야 관련 정책 발표가 늘어나고 있는데요. 미국은 메타버스의 중요 구현 기술인 XR(eXtended Reality)을 미국이 과학기술 리더십을 유지해야 하는 핵심 기술 영역으로 인식하고 있으며, 공공 수요를 중심으로 민관 협업을 통한 XR 기반 시뮬레이션 등 중요 기술개발을 지원하고 있습니다. 중국은 국가 디지털 경제발전을 위한 첨단 산업 육성 측면에서 메타버스 지원 정책을 추진하고 있는데요. 2022년 11월 발표한 '가상현실과 산업의 응용 및 통합 개발을 위한 실행 계획(2022~2026)'은 가상현실(AR·VR·MR)과 5G, 인공지능, 빅데이터, 클라우드 컴퓨팅, 블록체인, 디지털 트윈 등 차세대 정보기술의 심층 통합과 '가상현실+산업' 활용에 초점을 두고 2026년까지 가상현실 산업의 총 3,500억 위안(약 66조원)을 달성하는 것을 목표하고 있습니다. 중앙 정부의 정책 기조에 맞추어, 지방 정부는 기업 육성 기금 조성, 산업기지 구축, 산업 활용 촉진 등 메타버스 산업 육성을 적극 지원하고 있는 상황입니다.

유럽은 메타버스를 구현하는 XR, AI, 데이터, 디지털트윈 등 핵심 기술 개발을 지원하고 있으며, 유럽이 메타버스를 주도하기 위한 이니셔티브를 준비 중입니다. EU 집행위원회는 2023년 국정 방향을 담은 의향서(Letter of Intent)에 메타버스라는 새로운 변화를 반영할 의향을 밝혔으며, EU 집행위원 명의의 별도 성명서를 통해 메타버스 이니셔티브 준비를 위한 사람·기술·인프라의 육성 방향을 제시하였습니다.

영국은 미래 중요 기술로 XR을 인식하고 XR과 산업 융합을 적극 지원 중이며, XR 산업과 연계한 메타버스의 중요성 및 대응 필요성을 강조하고 있습니다. 영국의 XR 산업 규모는 14억 파운드(약 2.3조원)에 이르며, 메타버스 기업과 종사자도 꾸준히 증가하고 있습니다. 영국은 글로벌 암호자산 기술 허브를 목표하며, 영국 왕립 조폐국을 통한 자체 NFT 발행 계획을 발표한 바 있습니다.

일본은 가상공간의 비즈니스 가치 상승과 NFT 등 블록체인 기반의 관리·거래 확산을 고려하여 메타버스, 웹 3.0의 잠재력, 리스크

조사 및 사업 환경 정비를 준비하고 있는데요. 일본이 게임, 애니메이션 등 지식재산권을 기반으로 NFT와 웹 3.0을 선도할 수 있는 잠재력을 강조하고 있으며, 2022년 7월에는 경제산업성은 웹 3.0 관련 사업 환경 정비를 위한 웹 3.0 정책실을 설치하였습니다.

중동은 석유 산업에 집중된 산업구조 다각화를 위해 메타버스, 블록체인 등 미래 분야 투자 집중 및 기업 유치에 노력하고 있는데, 두바이는 2022년 두바이 메타버스 전략을 발표하면서 메타버스 경제 규모 기준으로 세계 10대 도시로의 성장을 목표하고 있습니다.

국가 차원에서 메타버스와 웹 3.0이라는 새로운 혁명에 대비하기 위해 다양한 정책사업을 추진하고 관련 기업과 인력을 양성하고 있습니다. 또한, 연구개발 투자를 통해 경쟁력을 높이고 담당 조직을 만들기도 하죠. 많은 예산이 투입되며 새로운 기회를 만들고 있습니다.

메타버스와 웹 3.0 투자에 있어서 정책의 변화를 파악하는 일은 매우 중요합니다. 딱딱한 표현과 문서들이 답답하게 느껴지실 수 있지만, 주요국이 새로운 혁명을 국가 성장동력으로 활용하고 이로 인해 생길 수 있는 위험을 준비하는 방안들 담겨있기에 투자의 방향을 가늠하고 실제 어떠한 정책사업이 생겨나고 어떠한 기업들이 참여하는지 새롭게 제기될 위험은 무엇이며 이와 관련된 기업과 서비스는 무엇인지 확인해야 합니다.

주요국 메타버스와 웹 3.0 정책 동향

구분	주요 내용
미국	■ 장기적·선제적 투자 확대로 XR 기술 리더십 확보 및 안전·국방 분야 활용 추진 • 국가 종합 과학기술 전략 입법 「반도체와 과학법」 內 연구개발 역량을 집중할 '10대 핵심 기술 영역'에 XR, AI 등 포함 (2022.8. 공표) • 응급/테러상황 대비를 위한 공공 안전 몰입형 테스트 센터 구축(2022.5.) • 국방 역량 강화를 위한 가상 합성훈련환경(Synthetic Training Environment) 구축 추진 및 MS社와 군용 XR 디바이스 장기 공급계약 체결(2021.4.)
EU	■ XR, AI, 디지털 트윈 등을 활용한 중장기 R&D 지원 및 메타버스 계획 준비 • '호라이즌 유럽(Horizon Europe) 2021-2027' 프로그램은 글로벌 도전과제와 유럽 산업 경쟁력을 위해 XR, AI, 디지털 트윈 등 디지털 기술 활용 장려 및 연구지원(2021) • 디지털 시대 준비를 위한 EU 전략의 일환으로 메타버스 계획 (initiative) 발표 예정(2023)
영국	■ XR과 산업 융합을 통한 혁신 창출 지원 및 NFT 등 암호자산 기술 허브 목표 • 창의산업 클러스터 등 XR과 산업 융합을 통한 산업, 사회, 문화적 가치 창출 지원 (2018~) • 영국을 '글로벌 암호자산 기술 허브'로 조성 및 자체 NFT 발행 계획 발표(2022.4.)
중국	■ 디지털 경제로의 전환을 위한 첨단 산업 육성 측면에서 메타버스 육성 추진 • 가상현실, 5G, 인공지능, 빅데이터, 클라우드 컴퓨팅, 블록체인, 디지털 트윈 등 정보기술의 통합 강화와 '가상현실+산업' 응용 추진을 위한 5개 부처 공동 실행계획 발표(2022.11.) • 공업정보화부 직속 정보통신연구원은 IT 기업 및 기관 70여 개가 참여한 '가상현실 및 메타버스 산업연맹(XRMA)' 창설 (2022.6.) • 상하이, 우한, 항저우 등에서 메타버스 관련 산업 계획과 발전 방향 발표(2022.3.)

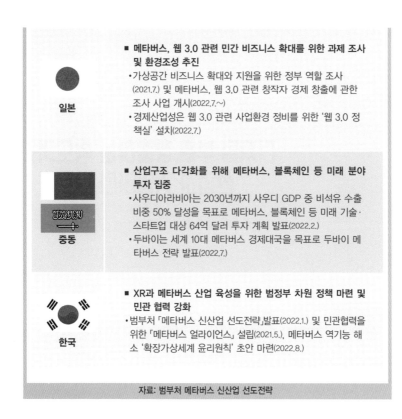

일본	■ 메타버스, 웹 3.0 관련 민간 비즈니스 확대를 위한 과제 조사 및 환경조성 추진 • 가상공간 비즈니스 확대와 지원을 위한 정부 역할 조사 (2021.7.) 및 메타버스, 웹 3.0 관련 창작자 경제 창출에 관한 조사 사업 개시(2022.7.~) • 경제산업성은 웹 3.0 관련 사업환경 정비를 위한 '웹 3.0 정책실' 설치(2022.7.)
중동	■ 산업구조 다각화를 위해 메타버스, 블록체인 등 미래 분야 투자 집중 • 사우디아라비아는 2030년까지 사우디 GDP 중 비석유 수출 비중 50% 달성을 목표로 메타버스, 블록체인 등 미래 기술·스타트업 대상 64억 달러 투자 계획 발표(2022.2.) • 두바이는 세계 10대 메타버스 경제대국을 목표로 두바이 메타버스 전략 발표(2022.7.)
한국	■ XR과 메타버스 산업 육성을 위한 범정부 차원 정책 마련 및 민관 협력 강화 • 범부처 「메타버스 신산업 선도전략」발표(2022.1.) 및 민관협력을 위한 「메타버스 얼라이언스」 설립(2021.5.), 메타버스 역기능 해소 '확장가상세계 윤리원칙' 초안 마련(2022.8.)

자료: 범부처 메타버스 신산업 선도전략

메타버스와 웹 3.0을 구현하는 혁신 기술이 새로운 패러다임을 만들고, 새로운 수요가 생겨나고 있으며, 정책도 발맞추어 변화하고 있습니다. 기술, 수요, 정책이 세 가지 요소가 결합되어 메타버스와 웹 3.0에서 기회의 창(Windows of opportunity)이 열리고 있습니다. 투자의 방향이 바뀌고, 기업의 순위와 가치가 변동되기 시작하는 시점입니다.

디지털 부를 창출하는 속도가 산업과 기업마다 다르다

산업과 기업별로 다른 메타버스 전환 속도

인터넷 혁명으로 모든 산업에서 DX(디지털 전환, Digital Transformation)가 진행되고 있습니다. 기업들이 디지털 자원과 물리적인 자원을 통합하여 사업모델을 혁신하고, 조직이 생각하고 일하는 방식을 바꾸고 고객을 포함한 다양한 이해관계자들에게 새로운 디지털 경험을 제공하려는 것이죠. 산업마다 일하는 방식이 다르고 같은 산업에서 같은 제품이나 서비스를 제공해도 기업마다 일하는 방식도 차이가 있습니다. DX를 실행하는 기업과 산업에 따라 성과도 다르게 나타나지요. DX 전략 수준, 활동 범위, 활동 유형 등에 따라 DX의 수준을 가늠해 볼 수 있습니다. 디지털 자원을 기업 내부에서 수동적으

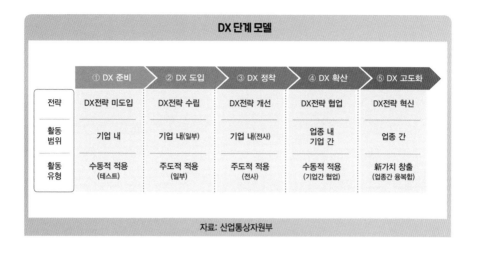

DX 단계 모델

	① DX 준비	② DX 도입	③ DX 정착	④ DX 확산	⑤ DX 고도화
전략	DX전략 미도입	DX전략 수립	DX전략 개선	DX전략 협업	DX전략 혁신
활동 범위	기업 내	기업 내(일부)	기업 내(전사)	업종 내 기업 간	업종 간
활동 유형	수동적 적용 (테스트)	주도적 적용 (일부)	주도적 적용 (전사)	수동적 적용 (기업간 협업)	新가치 창출 (업종간 융복합)

자료: 산업통상자원부

로 한정된 분야에서 사용하는 기업부터 디지털 자원과 물리적 자원을 결합하여 업종 간 경계를 넘어 새로운 혁신 제품과 서비스를 출시하는 기업도 있는데, 경쟁사 대비 DX 고도화 수준이 높은 기업이 투자 매력도 높겠지요.

기업뿐만 아니라 산업의 DX 수준도 차이가 나는데, 중소·중견기업 중심의 범용 소재·부품 산업은 DX 수준 낮으나, 대기업이 선도하는 가전, 유통 등 고객 서비스 접점 분야는 DX 혁신 수준이 높은 것으로 나타났습니다. 산업마다 디지털을 받아들이고 이를 활용해서 새로운 가치를 만들어 내는 속도가 다르고 이는 디지털 부가 창출하는 속도가 기업과 산업마다 다르다는 것을 의미합니다.

메타버스와 웹 3.0 혁명도 마찬가지입니다. 기존의 방식을 넘

주요 업종별 산업 DX 수준

DX단계	철강	석화	섬유	기계	가전	조선	미래차	바이오	유통
DX준비	●	●	●	●					
DX도입	●	●	●	●	●	●	●	●	
DX정착	●	●		●	●	●	●	●	●
DX확산				●	●	●	●	●	●
DX고도화					●		●		●
선도사례	빅리버스틸	바스프	자라	지멘스	애플	현대중	테슬라	바이엘	아마존

자료: 산업통상자원부

어 새로운 사업모델을 구상하고 조직을 혁신하는 메타버스 전환(Metaverse Transformation)이 가속화될 텐데 이러한 변화가 산업과 기업마다 다르게 나타날 것입니다. 에너지·자원(Energy and Resources), 첨단 산업(High Tech), 자동차·기계·조립, 미디어·엔터테인먼트 분야는 다른 산업군 대비 메타버스 도입 비중이 높고, 향후 3~5년간 디지털 예산의 15~18%를 메타버스 관련 활동에 투자할 계획이라고 합니다. 메타버스와 웹 3.0이 만들어 낼 디지털 부가 창출되는 속도가 산업별로 다르게 나타난다는 의미겠지요. 물론 산업 내에서 경쟁하는 기업 간에도 이러한 차이는 존재할 것입니다.

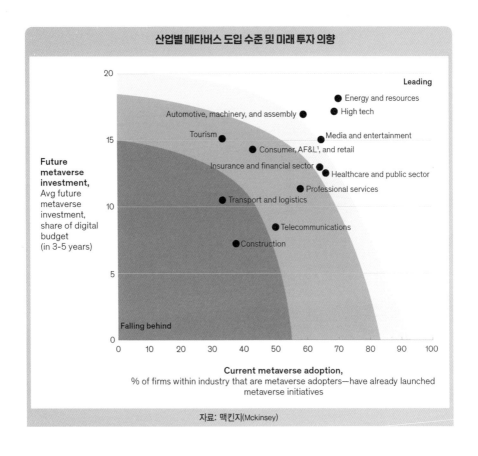

산업별 메타버스 도입 수준 및 미래 투자 의향

Future metaverse investment,
Avg future metaverse investment, share of digital budget (in 3-5 years)

Leading

● Energy and resources

Automotive, machinery, and assembly ●   ● High tech

Tourism ●   ● Media and entertainment

● Consumer, AF&L¹, and retail

Insurance and financial sector ●   ● Healthcare and public sector

● Professional services

● Transport and logistics

● Telecommunications

● Construction

Falling behind

Current metaverse adoption,
% of firms within industry that are metaverse adopters—have already launched metaverse initiatives

자료: 맥킨지(Mckinsey)

산업별로 메타버스를 도입하고 활용하는 방안에도 차이가 있는데요. 산업별 고위 임원 대상 조사 결과, 산업별로 현재까지 도입한 메타버스는 주로 '마케팅', '임직원 학습 및 개발', '회의', '이벤트 또는 컨퍼런스', '제품 디자인 또는 디지털 트윈'으로 나타났습니다. 의류 및 명품(AF&L:Apparel, footwear and luxury)과 미디어, 통신 산업은 마케팅 캠페인에 적극적으로 메타버스를 활용하고 있으며 에너지, 관

산업별 현재까지의 메타버스 이니셔티브 도입 응답 결과

채택 수준(Adoption level)

High (>70%)   Medium (40~70%)   Low (<70%)

산업 (Industry)	마케팅 캠페인 또는 계획 (Marketing campaign or initiatives)	직원을 위한 학습, 개발 (Learning and development for employees)	메타버스 회의 (Meetings in the metaverse)	이벤트 또는 회의 (Events or conferences)	제품디자인 또는 디지털 트윈 활용 (Product design or digital twinning)	신입사원 모집 또는 온보딩 (Reccruiting or onboarding new employees)	소비자의 암호화폐 결제 지원 (Customers can pay with crypto currency)
기술 (Technology)	68	64	54	64	54	39	23
미디어, 통신 (Media and telecommunications)	82	36	36	43	54	18	25
첨단산업 (Advanced industries)	64	55	36	64	64	36	9
금융권, 보험 (Financial sector and insurance)	67	63	56	49	56	25	31
소비자, AF&L, 소매 (Consumer, AF&L, and retail)	95	56	59	41	50	41	14
에너지, 재료 (Energy and materials)	54	85	69	46	69	31	8
의료, 공공부문 (Healthcare and public sector)	10	59	79	72	59	38	34
관광, 운송, 물류 (Tourism, transport, and logostics)	56	78	56	78	56	44	22
총생플 (Total sample)	67	63	53	52	52	31	22

자료: 맥킨지(Mckinsey)

광, 물류 산업에서는 주로 교육훈련에 활용 중입니다. 헬스케어, 관광, 교통, 물류 산업에서는 가상 컨퍼런스에 활용하고 있고 대부분 산업에서 암호화폐 결제 도입은 추진되고 있지 않은 상황입니다.

산업 분야별로 메타버스가 적용될 수 있는 영역은 다양하게 구분될 수 있고 어떤 영역은 단기 도입이 가능하나, 또 다른 영역은 장기적으로 준비할 영역도 존재합니다. 예를 들어 엔터테인먼트 및 게임

주요 산업별 메타버스 장단기 적용 분야

자료: 딜로이트(Deloitte)

산업에서 메타버스를 활용한 콘서트와 스포츠는 바로 구현될 수 있지만, 오프라인 테마파크와 연계하여 고객 개개인들에게 새로운 경험을 제공하는 데에는 시간이 걸릴 수 있습니다. 소매와 상거래 산업에서도 가상매장에서의 쇼핑 경험은 즉시 제공할 수 있지만, 가상세계에서 오감을 느끼며 쇼핑하기 위해서는 시간이 걸린다는 것이죠.

이처럼, 산업별로 메타버스와 웹 3.0을 바라보는 시각과 활용목적도 다르다는 걸 알 수 있고, 산업별로도 적용 가능한 영역이 단기와 장기 측면에서 차이가 있다는 점을 인지할 필요가 있습니다. 기업들은 메타버스와 웹 3.0 도입을 주저하는 이유로 투자수익의 불확

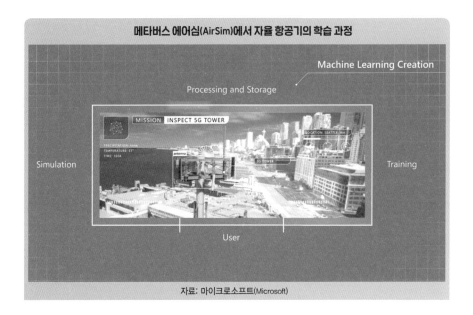

메타버스 에어심(AirSim)에서 자율 항공기의 학습 과정

Machine Learning Creation

Processing and Storage

MISSION INSPECT 5G TOWER

Simulation

Training

User

자료: 마이크로소프트(Microsoft)

실성, 메타버스 기술을 활용한 사업모델 부재, 메타버스 기술을 비즈니스에 포함하여 관리할 능력 부족을 꼽았습니다. 산업 내 경쟁기업 간 메타버스 도입에 시차가 생기는 것도 이러한 이유 때문이겠지요.

많은 산업에서 메타버스를 활용하려는 목적은 결국 생산성 향상일 것입니다. 최근에 주목받는 산업 메타버스(Industrial Metaverse) 사례를 살펴보겠습니다.

2022년 7월, 마이크로소프트는 에어심(Project AirSim)이라는 메타버스를 발표했습니다. 에어심은 자율주행 비행기가 학습하는 곳입니다. 날씨, 온도, 바람 등 자율 비행에 영향을 미치는 현실 환경을 그대로 가상으로 구현하고, 그 안에서 자율주행 비행기가 짧은 시간에 많은 학습을 할 수 있도록 만든 메타버스입니다. 현실 공간에서 자율주행 비행기가 학습하면 많은 시간이 소요되므로 메타버스 공간을 이용해 똑똑한 자율주행 비행기를 빨리 만들려고 하는 것이죠. 현실에서는 수백만 번 비행해야 하는데 메타버스에서는 몇 초 만에 이러한 비행을 학습할 수 있습니다. 비가 올 때 어떻게 비행해야 하는지, 강한 바람이 배터리 수명에 어떤 영향을 미치는지, 날씨 상황에 따른 드론 카메라 성능은 어떤지 등 이륙, 비행, 착륙 과정 전반에 이르는 다양한 학습이 메타버스에서 가능합니다. 에어심에서 학습을 통해 똑똑해진 자율주행 비행기는 다시 현실로 나와서 또 훈련(Training)하고, 현실에서 학습한 자율 비행기는 다시 에어심에서 학습는 과정을 반복하며 자율 비행기의 비행 능력은 계속 높아지게 됩니다.

풍력 발전기, 고압 전선 등 산업 인프라의 무인 검사를 전문으로 하는 기업 에어토노미(Airtonomy)는 에어심을 활용해 자율주행 드론을 훈련 시켜 왔습니다. 에어토노미 CEO 조시 라이디는 에어심을 사용하는 이유에 대해 "풍력 발전기나 고압 전선 주위로 비행하는 것은 어렵고 까다롭다. 더구나 미국의 노스 다코타 지역은 겨울이 7개월이다. 실제 환경에서 비행할 수 있는 시간이 너무 짧아 고객의 예약에 맞춰 준비하기가 어렵다"라고 설명했습니다. 이전에는 작

프로젝트 에어심의 비행 단계별 시뮬레이션 구동 화면

자료: 마이크로소프트(Microsoft)

업자들이 시설로 직접 이동해 검사를 했지만 이제 이러한 일을 자율주행 드론이 대신 수행합니다. 에어심의 메타버스 환경에서 자율주행 드론은 수백만 번의 비행을 몇 초 만에 완료할 수 있으며, 현실 세계에서 생기는 수많은 변수에 대응하는 방법을 학습할 수 있습니다. 예를 들어, 비나 눈, 진눈깨비 속에서 비행기가 어떻게 나는지, 강한 바람이나 높은 온도가 배터리 사용 시간에 어떤 영향을 미치는지, 흐린 날에도 드론의 카메라가 풍력 발전기를 날개를 선명하게 볼 수 있는지 등을 배울 수 있는 것이죠. 에어심은 취미, 배송용 드론부터 승객을 태운 eVTOL(전기 수직 이착륙) 항공기까지 다양하게 활용될 전망입니다.

디지털 부의 미래

가와사키와 마이크로소프트 협력사례

자료: 마이크로소프트(Microsoft)

　2022년 5월 마이크로소프트는 가와사키중공업과 메타버스를 활용한 협력방안을 마련했습니다. 가와사키중공업의 메타버스 공장은 다음과 같이 운영됩니다. 가와사키중공업의 생산 공장에서 산업용 로봇에 이상 징후가 나타나면, 현실공장을 똑같이 메타버스에 구현한 가상공장에도 동시에 경고등이 켜집니다. 공장 직원이 가상·증강 현실 기기인 홀로렌즈를 통해 공장 내부 모습을 전송하자 외부에 있던 기술자는 메타버스 속에서 원격으로 기계를 점검해 문제를 해결합니다. 제조 생산성을 높이는 산업 메타버스의 한 사례입니다. 사티아 나델라 마이크로소프트 CEO는 "지난 2년간 메타버스가 게임 내 커뮤니티, 사람 간 연결을 강화한다는 것을 알게 되었다. 이제는

메타버스가 원격 의료, 원격 수리 및 점검 등에 활용되는 사례를 목격하고 있다"라고 언급했습니다.

2021년 8월, 글로벌 자동차 기업 BMW는 엔비디아(NVIDIA)와 협력하여 전 세계에 있는 공장을 메타버스로 구현하여 생산성을 30% 높일 것이라고 발표했습니다. 엔비디아의 옴니버스 (Omniverse)를 활용하여 메타버스 공장을 만들고, 이를 활용하여 실제 공장에서 제조하기 전에 가상에서 생산에서 일어나는 모든 활동을 효율화 시킨다는 것이죠. 옴니버스는 이러한 메타버스를 만드는 저작 도구입니다.

메타버스 투자와 생산성의 간극(間隙) ————————●

위에서 언급한 산업 메타버스 사례를 보고, 투자관점에서 다음과 같이 생각하실 수 있습니다. "메타버스를 활용하여 생산성을 높이면 기업의 경쟁력이 높아지니 메타버스를 활용한 기업에 투자를 고려해볼까?", "BMW가 메타버스로 생산성의 30%를 높인다고? 주식을 사야겠군."

얼핏 보기에는 맞는 말 같지만, 투자관점에서 우리는 생산성에 대해 조금 더 깊게 고민해볼 필요가 있습니다.

혁신적인 기술이 생산의 패러다임을 바꾸어 생산성을 높일 수 있지만, 디지털 재화의 투입만으로 누구나 혁신을 창출하는 것은 아닙니다. 이를 기술 발전과 생산성 간의 괴리 현상이라고 하는데요. 1987년 노벨경제학상 수상자 로버트 솔로(Robert Solow) 교수가 생산성 역설(Productivity Paradox)이라는 개념으로 일찍이 지적한 바 있습니다. IT에 대한 투자가 증가하는데도 불구하고 기업, 산업 및 국가 수준의 생산성이 이에 비례해서 증가하지 않거나 오히려 감소하는 현상이 발생한다는 것이죠. 이러한 현상이 생기는 이유는 새로운 기술을 도입하려면 기술을 충분히 이해해야 하고, 그에 맞는 조직을 갖추어야 하고, 인재도 필요하고, 제도를 개선해야 하기도 하는데 이러한 모든 여건이 갖추어지지 않는 경우 기대한 만큼 생산성이 높아지지 않을 수 있다는 것입니다. 또한 새로운 방식이 제대로 작동하는 데에 상당한 시간이 소요될 수도 있어 본격적인 생산성 향상까지는 시간이 걸린다는 것입니다. 신기술이 생산성을 높이고 경쟁력을 강화하더라도 과거의 익숙한 기술을 활용하려는 강한 관성이 작용하여 신기술 도입 속도가 느려지기도 합니다.

스탠퍼드 대학교(Standford University) 에릭 브린욜프슨(Erik Brynjolfsson) 교수는 신기술의 도입으로 초기에는 생산성의 하락이 있을 수 있지만, 혁신의 주체들이 점차 디지털 기술에 부합하는 생산과 비즈니스 모델의 재구성을 완성하게 되면, 생산성이 급상승하는 생산성의 붐(boom)을 맞이할 수 있다는 견해를 제시했습니다. 이른바 혁신 기술로 생산성의 J-커브(curve)가 구현될 수 있다는 주장인데요.

예를 들어 위에서 설명했던 BMW의 사례를 들고 BMW의 주주 등 이해관계자(Stakeholder)들은 BMW의 생산성이 아래 그림의 빨간 점선의 패턴처럼 증가할 것으로 기대합니다. 보수적인 이해관계자들은 새로운 생산방식을 적용할 때 적응 시간과 훈련이 필요하고 비용도 수반되니 생산성이 조금 떨어졌다가 이내 회복할 것으로 기대합니다. 녹색 점선처럼 말이죠. 하지만 대부분 실제 현실에서는 파란색 실선처럼 생산성이 하락하고 최저점에 다다른 이후에 생산성이 높아지는 구간이 나타난다는 것입니다.

어떤 투자자는 메타버스 공장의 소식을 듣고 투자했다가 생산성이 높아지지 않으니 이내 실망하고 주식을 되팔아 버릴 수도 있을

디지털 부의 미래

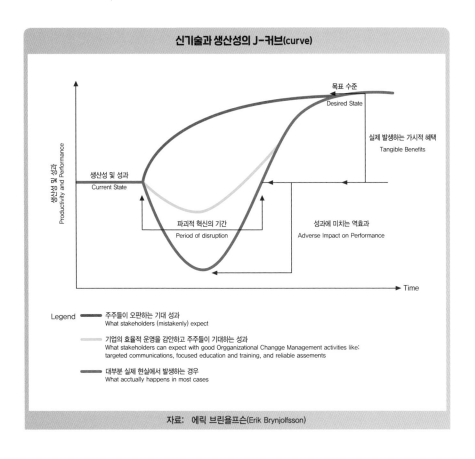

신기술과 생산성의 J-커브(curve)

생산성 및 성과 / Productivity and Performance

목표 수준
Desired State

실제 발생하는 가시적 혜택
Tangible Benefits

생산성 및 성과
Current State

파괴적 혁신의 기간
Period of disruption

성과에 미치는 역효과
Adverse Impact on Performance

Time

Legend

주주들이 오판하는 기대 성과
What stakeholders (mistakenly) expect

기업의 효율적 운영을 감안하고 주주들이 기대하는 성과
What stakeholders can expect with good Orgganizational Changge Management activities like:
targeted communications, focused education and training, and reliable assements

대부분 실제 현실에서 발생하는 경우
What acctually happens in most cases

자료: 에릭 브린욜프슨(Erik Brynjolfsson)

것입니다. 기대와 현실 간에는 차이가 존재하기 마련이죠. 모든 사례에서 이러한 패턴이 일어난다고 단정 지을 수는 없으나, 위에서 언급한 여러 요소를 고려해서 투자 시기를 고민할 필요가 있습니다. 비용 측면에서도 BMW가 가상공장을 만드는 비용이 개발자를 고용하고, 옴니버스라는 소프트웨어를 사용하는 대가에만 있지는 않다는 것이죠. 에릭 브린욜프슨(Erik Brynjolfsson) 교수는 기업이 혁신 기술을 활용하여 생산성을 높이기 위해서는 기술 투자의 10배에 가까운 인적·조직자본 투자가 이루어져야 한다고 주장한 바도 있습니다. 실제 생산성이 높아지기까지 투자자가 생각하지 못한 비용이 더 들어갈 수 있다는 것이죠.

이처럼 실제 투자에 있어서 메타버스와 웹 3.0을 적용했으니 바로 성과가 나오고 생산성이 높아질 것으로 기대하지만 실제 현실에서는 매우 다양한 요소를 고려하고 장애를 극복해야 한다는 점을 인지하고 투자할 때 성과가 나오는 시간과 비용을 충분히 고려할 필요가 있습니다.

디지털 부의 미래

메타버스와 웹 3.0 골드러시, 디지털 청바지 판매자에 주목하자

캘리포니아 골드러시(Gold Rush)와 백만장자의 탄생 ──────●

1848년 캘리포니아의 새크라멘토강(Sacramento River)에서 금이 발견되고 이 소식이 알려지자 부를 꿈꾸며 금을 찾아 전 세계에서 약 30만 명의 사람들이 캘리포니아에 오게 됩니다. 1848년에 금이 발견되고 다음 해인 1849년에 많은 사람이 몰렸다고 해서 그들을 일컬어 '49년의 사람들(49ERS, forty-niner)'이라고 표현하는 신조어가 생겼습니다. 당시 골드러시의 풍경을 그린 미국의 노래가 클레멘타인(Oh My Darling, Clementine)이죠. NFL(National Football League) 팀 중에 '샌프란시스코 49ERS'라는 팀이 있고 이 신조어가 반영이 된 것입니다. 캘리포니아의 별칭인 골든스테이트(Golden State)도 같은 맥

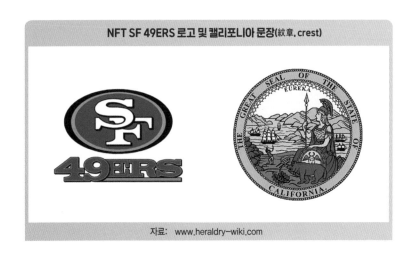

락이죠. 캘리포니아의 문장(紋章, crest)을 보면 캘리포니아에 오기 위해 샌프란시스코까지 배를 타고 와서 금을 캐는 모습이 그려져 있습니다. 그 안에 발견했다는 유레카(EUREKA)라는 문구도 당시의 골드러시 열기를 연상케 합니다.

골드러시에서 누가 돈을 벌었을까요?

먼저, 실제 금을 캔 사람들이 돈을 벌었겠죠. 금광에서 일하면 당시 노동자들의 하루 일당에 10~15배에 달하는 금액을 벌었고, 금광에서 6개월간 일한 사람은 6년분의 소득을 얻고 고향에 돌아갔다고도 합니다. 미국 지질 조사국에 따르면 골드러시 5년간 채취된 금은 370톤이나 되었습니다. 초기 금광에는 사유 재산이란 개념이 없었고, 사용에 관한 면허료도 없었으며, 캘리포니아 주정부가 세워지기 전까지는 세금도 없었으니 마음껏 금을 캔 만큼 돈을 번 것이죠. 하지만 캘리포니아에 온 30만 명 중 실제 돈을 번 사람은 소수이며, 이들은 대부분은 '49년의 사람들'이 아니라 1948년에 금이 발견되자마자 바로 금을 캐러 온 '48년의 사람들'이라고 합니다. 먼저 변화를 감지하고 온 사람이 부를 획득한 거죠.

금을 하나도 캐지 않고 엄청난 부를 획득한 사람도 있습니다. 금을 캐는데 필요한 도구를 만들어서 판 사람들입니다. 대표적으로 청바지가 있죠.

2022년 10월 미국 '골드러시'를 상징하는 140년 된 청바지가 경매에 올라왔고 8만 7,400달러(약 1억 3,000만 원)에 팔려 화제가 되었습니다. 청바지 브랜드인 '리바이스'가 1880년대에 제작한 것으로 추정되며 이 청바지는 5년 전 미국 서부 지역의 폐광에서 발견되었다고 합니다. 보존 상태가 매우 양호한 이 청바지에는 곳곳에 왁스 자국이 남아있는데 당시 광부들이 어두운 금광에서 초를 켜고 작업을 할 때 초의 왁스가 묻은 것으로 추정되며 낙찰자는 청바지를 미술관과 같은 박물관에 전시하는 것을 고려하고 있다고 합니다. 골드러시의 시기에 광부들은 쉽게 헤지지 않는 청바지를 입고 금광에서 일했고 너도나도 청바지매장에서 줄을 서가며 구매했습니다. 이후 청바지가 대중적인 인기를 얻으면서 많은 사람이 선호하는 패션 아이템 중 하나로 자리 잡게 되었죠.

골드러시 시기 리바이스 매장 모습과 경매에 올라온 140년 된 청바지

자료: CNN

이 시기에 캘리포니아 최초의 백만장자도 탄생했습니다. 새뮤얼 브래넌(Samuel Brannan)이라는 사람은 금을 캐는데 필요한 패닝 접시(Gold extraction plate) 등 도구를 팔아서 백만장자가 되었는데요. 금을 채취 도구 상점을 빨리 차린 후에 금을 넣은 작은 병을 들고서, 샌프란시스코 대로를 활보하면서, "금이다! 금이다! 아메리카 강에서 금이 발견되었다!(Gold! Gold from the American River!)"라고 외치고 다녔다고 합니다. 그리고 금을 캐는데 필요한 패닝 접시(Gold extraction plate)를 당시 처음에는 20센트에 팔다가 이후에 15달러에 팔았다고 합니다. 골드러시의 시기에 어마어마한 부를 획득한 것이죠. 새로운 기회가 왔을 때 먼저 변화를 인지하고, 행동하고, 도구를 이해한 사람들이 부를 가져갔습니다.

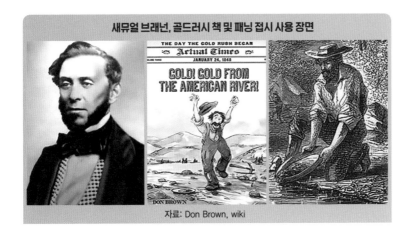

자료: Don Brown, wiki

메타버스와 웹 3.0 골드러시, 도구를 만드는 사람들 ───•

　캘리포니아 골드러시에서 도구를 팔고, 도구를 먼저 활용했던 사람이 부를 축적했던 것처럼 메타버스와 웹 3.0 시대에서도 다양한 도구 즉, 소프트웨어와 하드웨어를 팔거나, 이를 먼저 활용하는 사람과 기업이 디지털 부를 축적할 수 있겠지요. 메타버스라는 공간을 만들고, 공간을 채우고, 공간을 소유하고 이를 활용하고 거래하기 위한 다양한 유무형의 도구들이 주목받을 것입니다.

　먼저, 다양한 메타버스 공간을 만들기 위한 저작도구가 필요할 것이고 이 도구를 제공하며 사용 대가를 받는 기업이 부상하겠죠. 금을 캐려면 다양한 장비와 청바지가 필요한 것처럼 말이죠. 메타버스를 만드는 도구로 게임엔진을 꼽을 수 있습니다. 게임엔진으로 수많

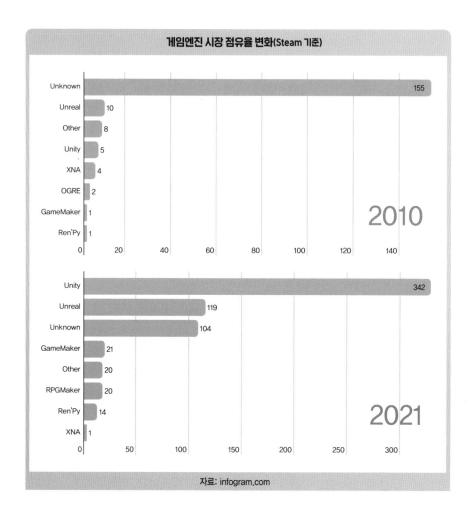

게임엔진 시장 점유율 변화(Steam 기준)

2010

엔진	값
Unknown	155
Unreal	10
Other	8
Unity	5
XNA	4
OGRE	2
GameMaker	1
Ren'Py	1

2021

엔진	값
Unity	342
Unreal	119
Unknown	104
GameMaker	21
Other	20
RPGMaker	20
Ren'Py	14
XNA	1

자료: infogram.com

은 가상세계, 게임이 만들어져왔으니까요. 2010년에만 해도 알려지지 않은 불특정 다수의 엔진이 사용되었지만, 10년이 지난 지금, 유니티(Unity)의 유니티 엔진(Unity Engine), 에픽게임즈의 언리얼 엔진(Unreal Engine)이 시장을 주도하고 있습니다.

유니티 엔진 가동 장면

자료: 유니티(Unity)

2004년 설립된 유니티는 게임, 3D 애니메이션, 건축 시각화, 가상현실 등 다양한 가상세계 제작을 할 수 있는 도구를 지원합니다.

유니티 엔진으로 이미 많은 가상세계가 만들어졌고 지금도 만들어지고 있습니다. 유니티 엔진으로 제작된 앱의 월간 다운로드 수 50억 건이며 모바일 게임 순위 상위 1,000개 중 70%가 유니티 엔진으로 만들어졌습니다. 또한 모바일, PC, 콘솔 등 전체 게임 중 50% 이상이 유니티로 제작되었고, 월간 유니티 엔진 이용자 수는 39억 명에 달하며, 20개 이상의 플랫폼에서 유니티가 구동하고 190개 이상의 국가에서 유니티 크리에이터들이 활동하고 있습니다.

유니티(Unity) 사용자 통계		
5B downloads per month of apps built with Unity	**70%** of the top 1,000 mobile games were made with Unity	**50%+** of games across mobile, PC, and console were made with Unity
3.9B monthly active users who consumed content created or operated with Unity solutions	**20+** different platforms run Unity creations	**190+** countries and territories have Unity creators

자료: 유니티(Unity)

대중들에게 잘 알려진 제페토, 이프랜드, VR Chat, 샌드박스 등 다양한 메타버스가 유니티 엔진으로 만들어졌습니다. 앞으로 누군가 계속 다양한 메타버스를 만들 것이고 저작도구가 필요하겠지요. 금광을 캐러 가는데 도구가 필요한 것처럼 말이죠.

유니티로 만들어진 메타버스 세상

자료: 각사 홈페이지

디지털 부의 미래

유니티 엔진은 게임을 넘어서 건축이나 자동차, 영화 등 전 산업에 걸쳐 활용되고 있습니다. 그만큼 다양한 메타버스가 만들어진다는 의미겠지요.

유니티 활용 분야

Games
Find out why more than 50% of the world's video games are made with Unity.
Level up your game

Architecture
Leap over the competition with instant visualizations and on-the-fly updates.
Visualize your project

Automotive
Revolutionize designs with superb fidelity and immersive experiences.
Configure your product

Film
Unleash creativity with eye-popping effects and instant renders.
Realize your vision

자료: 각사 홈페이지

투자의 관점에서 얼마나 많은 개인 혹은 기업이 이 도구를 사용할 것인지, 계속 사용할 것인지, 사용요금을 얼마나 내는지가 중요하겠지요. 유니티의 월간 활성 개발자 수는 약 150만 명이고 이 중에서 유료 구독자는 13.2만 명(9%) 수준이라고 합니다. 유니티가 유니티 엔진 개발도구로 수익을 창출하는 사업이 크리에이트 솔루션(Create Solutions) 부문입니다. 광고 등의 솔루션으로 돈을 버는 사업은 오퍼레이트 솔루션(Operate Solution)이고 타 기업들과의 협력에서

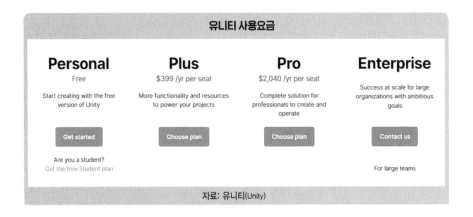

돈을 버는 사업은 전략 파트너십 등 기타(Strategic Partnerships) 부문입니다. 유니티가 제공하는 개발도구 사용료는 구독제로 매월, 혹은 년 단위로 계약할 수 있고 사용범위에 따라 요금이 상이합니다. 학생들과 매출이 10만 달러 미만일 경우에는 유니티 엔진 사용이 무료입니다.

유니티 개발도구를 구독해서 사용하는데 이탈하지 않고 계속 유지하고 있는지를 확인할 수 있는 구독유지율(Net Retention Rate)은 130%를 넘고 있습니다. 구독자가 이탈해서 나가는 경우보다, 새로 구독하거나, 기존 구독자의 사용금액이 높아져 100%를 넘고 있다는 의미입니다. 구독료로 10만 달러 이상을 내는 우량 고객들도 증가 추세인데요. 지출이 많은 우량 고객이 늘어날수록 사업성이 좋아지겠지요. 이러한 지표의 변동을 유심히 지켜볼 필요가 있습니다.

유니티 주요 지표

(백만달러)	1Q19	2Q19	3Q19	4Q19	1Q20	2Q20	3Q20	4Q20	1Q21	2Q21	3Q21	4Q21	1Q22	2019	2020	2021
Operate Solutions	68.0	69.1	69.7	85.5	104.4	112.5	120.0	134.3	146.6	182.9	185.0	194.6	184.0	292.3	471.2	709.1
(YoY, %)	67.0	57.1	59.3	52.8	53.6	62.8	72.2	57.0	40.4	62.6	54.1	44.9	25.5	58.5	61.2	50.5
Create Solutions	37.9	39.7	43.0	48.0	46.7	55.1	62.6	66.9	70.4	72.4	83.7	99.9	116.4	168.6	231.3	326.4
(YoY, %)	47.5	31.8	27.9	33.0	23.2	38.9	45.5	39.3	50.7	31.4	33.7	49.3	65.3	34.3	37.2	41.1
Strategic Partnerships 및 기타	17.5	20.6	18.2	23.5	15.9	16.7	18.2	19.1	17.8	18.3	17.6	21.3	19.7	79.8	69.9	75.0
(YoY, %)	28.2	38.3	2.0	(3.6)	(9.3)	(18.7)	(0.1)	(18.8)	11.9	9.4	(3.1)	11.5	10.7	12.7	(12.4)	7.3
십만 달러 이상 지출 고객 (개)	506	515	553	600	668	716	739	793	837	888	973	1,052	1,083	600	793	1,052
(YoY, %)	30.1	24.4	25.1	24.0	32.0	39.0	33.6	32.2	25.3	24.0	31.7	32.7	29.4	24.0	32.2	32.7
Net Retention Rate (%)	128	129	132	133	133	142	144	138	140	142	142	140	135			

자료: 유니티(Unity)

　유니티 외에도 메타버스를 만드는 저작도구를 개발한 기업들로 에픽게임즈의 언리얼 엔진(Unreal Engine), 엔비디아(NVIDIA)의 옴니버스(Omniverse) 등이 있습니다. 디지털 금광을 찾기 위해서 좋은 도구를 골라야 할 것이고 다른 가게도 가보고 비교도 해봐야합니다. 관련한 다양한 기업들을 비교 분석하고 관련 지표를 보며 투자하면 도움이 될 것 같습니다.

플랫폼이 돈이 되는
시간을 고려하자

플랫폼 가입자는 늘었는데, 돈은 언제 벌어요? ●

2005년 설립된 유튜브는 2006년 구글이 16억 5천만 달러, 당시 한화로 약 1.7조 원에 인수합니다. 당시 구글의 기업 인수 합병 사상 가장 많은 금액이고 이후, 실적 시즌마다 "도대체 돈은 언제 벌어요?"라는 질문을 받았었습니다. 유튜브의 실적을 별도로 발표하지 않자 당시 월가에서는 유튜브의 적자가 4억 달러 규모이며 고용량의 동영상을 유지할 네트워크 인프라 비용을 광고 수익이 따라가지 못하고 있다고 말했습니다. 또한, 세계 각국에서 유튜브 동영상에 대한 저작권 관리 요구를 강화하면서 유튜브는 구글의 '계륵'이라는 꼬리표가 붙기도 했습니다. 2009년 당시 에릭 슈미트 구글 CEO는

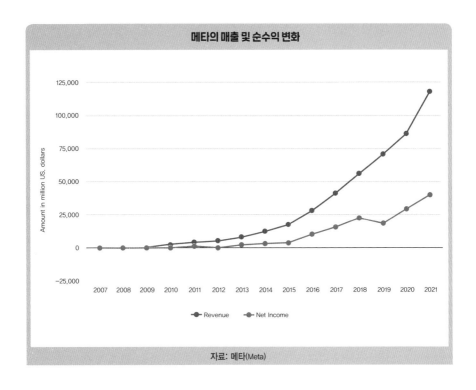

메타의 매출 및 순수익 변화

자료: 메타(Meta)

1분기 실적 발표에서 "유튜브는 이미 궤도에 올라섰고, 곧 흑자전환은 물론, 구글 성장동력의 한 축이 될 것"이라고 밝혔습니다. 이듬해인 2010년부터 유튜브는 흑자로 돌아섰고, 이용자가 갈수록 더 불어나는 네트워크 효과가 커졌습니다. 설립 후 첫 흑자까지 5년이 걸렸습니다. 2021년 유튜브 광고 매출은 2020년 대비 43% 증가한 72억 1천만 달러(약 8조 원)입니다. 소셜 네트워크 서비스의 강자 페이스북, 현재 메타(Meta)는 2004년 창립 후 2013년에 흑자로 전환합니다. 9년 만에 돈을 벌기 시작하고 이후 급속히 매출과 이익이 늘어

나기 시작하죠. 2021년 메타의 매출은 1,179억 2,900만 달러(약 143
조 455억 원), 순이익은 393억 7,000만 달러(약 47조 4,200억 원)입니다.

　국민 서비스 카카오톡을 서비스하는 카카오는 2012년 9월 첫 흑
자를 기록했습니다. 이는 회사 창업 후 약 6년 만입니다. 카카오는
애니팡, 드래곤플라이트, 아이러브커피 등 게임하기에 입점한 게임들
의 성공으로 흑자를 달성했습니다. 흑자 전 2011년 실적은 매출 18
억 원, 영업적자는 무려 153억 원에 달했는데요. 당시 국내 최대 모
바일 메신저 1위 플랫폼을 가진 기업으로서는 부끄러운 기록이었다
는 평가가 내려지기도 했습니다.

　2010년 설립된 쿠팡은 3년 만에 연간 거래액 1조 원을 달성하며
성장했지만 2022년 상반기까지 누적적자가 6조 원에 달하자 쿠팡에
투자자들은 "언제쯤 수익을 낼 수 있는지?" 거듭 질문을 던져왔습니
다. 2022년 3분기 쿠팡은 영업이익 흑자를 달성합니다. 흑자 전환까
지 12년이 걸린 셈이네요. 흑자에 대해 쿠팡 CEO는 기술, 풀필먼트
(fulfilment), 라스트 마일(last mile, 최종 배송단계)을 통합한 독보적인 물
류 네트워크에 지난 7년간 수십억 달러를 투자한 결실이며 앞으로
도 프로세스 최적화, 인공지능과 로보틱스를 포함한 자동화 기술에
지속 투자해 고객 경험을 풍요롭게 만들면서 합리적인 가격대의 제
품을 제공하겠다고 말했습니다. 풀필먼트(fulfilment)는 물품의 유통
과정에서 주문과 배송 업무까지를 한꺼번에 처리하는 방식입니다.

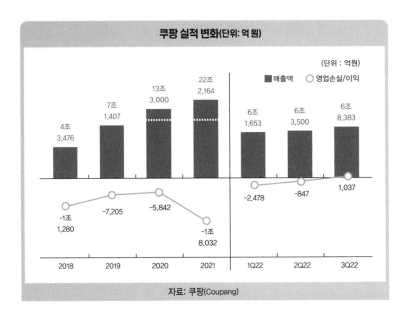

쿠팡 실적 변화(단위: 억 원)

(단위 : 억원)
■ 매출액 ○ 영업손실/이익

2018	2019	2020	2021	1Q22	2Q22	3Q22

4조
3,476

7조
1,407

13조
3,000

22조
2,164

6조
1,653

6조
3,500

6조
8,383

-1조
1,280

-7,205

-5,842

-1조
8,032

-2,478

-847

1,037

자료: 쿠팡(Coupang)

"상거래 플랫폼 쿠팡 12년, SNS 플랫폼 메타 9년, 카카오 6년, 영상 플랫폼 유튜브 5년."

인터넷 혁명의 시대 우리를 디지털로 이어주며 부를 창출하는 대표적인 기업들도 돈을 벌기까지 시간이 필요했습니다. 새로운 수익모델을 기획하며 서버를 늘려야 했고, 인프라를 구축해야 했으며, 인력도 필요했죠. 이를 위해 투자도 받아야 했습니다. 열심히 사업을 해도 사라진 플랫폼들도 무수히 많지요. 쿠팡은 이번 영업이익 흑자 바로 전까지 "언제 돈을 벌 것인가?" 집요하게 질문을 받아왔는데 이번 흑자로 한 유통 경쟁사의 임원은 "경쟁은 어쩌면 이미 끝난 것

같다"라고 평가했습니다. 투자의 인식이 바뀌는 순간이 왔고 이 시간을 인지하고 예측하고 준비한 투자자와 그렇지 않은 투자자는 차이가 있을 것입니다. 물론 앞으로 새로운 기회와 위기가 생겨나겠지요. 누구도 미래를 확신할 수 없지만, 플랫폼이 돈이 되는 시간을 염두에 두고 투자에 임해야 할 것입니다.

메타버스와 웹 3.0 플랫폼 그리고 투자의 시간 ─────●

메타버스와 웹 3.0 혁명이 시작되는 이 시기에도 유사한 일들이 생기고 있지 않을까요? 최근 주목받고 있는 대표적인 기업들을 살펴보겠습니다.

대표적인 메타버스 기업 중 하나인 로블록스의 일 평균 활동자 수(DAU)는 2022년 3분기 기준 5,880만 명으로 2022년 동기 대비

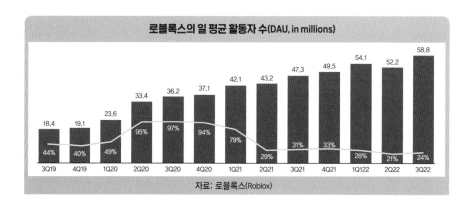

로블록스의 일 평균 활동자 수(DAU, in millions)

자료: 로블록스(Roblox)

24.3% 증가했습니다. 2020년 이후 10분기 연속 증가하고 있습니다. 플랫폼으로 사람들이 계속 모이는 네트워크 효과가 발생하고 있네요.

13세 이상 사용자 증가율은 전년 대비 34% 늘면서 주 이용 고객층의 연령대도 다양해지고 있습니다. 초등학생들만 재미있게 노는 곳은 아니라는 뜻이죠. 시간이 가면서 초등학생은 어느새 대학생이 되고 취업하고 본격적인 경제주체로 역할을 하게 되겠지요.

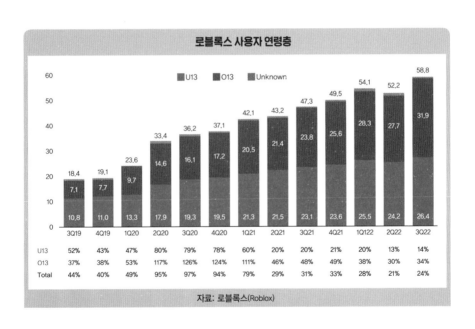

로블록스 사용자 연령층

	3Q19	4Q19	1Q20	2Q20	3Q20	4Q20	1Q21	2Q21	3Q21	4Q21	1Q122	2Q22	3Q22
U13	52%	43%	47%	80%	79%	78%	60%	20%	20%	21%	20%	13%	14%
O13	37%	38%	53%	117%	126%	124%	111%	46%	48%	49%	38%	30%	34%
Total	44%	40%	49%	95%	97%	94%	79%	29%	31%	33%	28%	21%	24%

자료: 로블록스(Roblox)

사람들이 로블록스에서 보내는 시간도 늘어나고 있는데요. 2022년 3분기에 134억 시간을 보냈습니다. 로블록스에 방문하면 평균

2시간 이상은 머물다가 나가고 있네요.

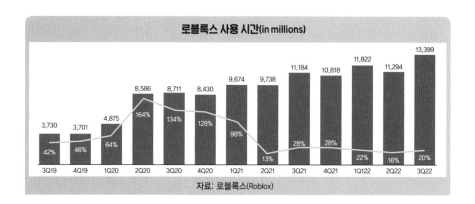

로블록스에서 사용자들이 결제금액도 늘어나고 있습니다. 수익모델이 가동하고 있는 거죠. 2022년 3분기 사용자 결제액은 7.2억 달러로 전년 3분기 대비 10% 증가했습니다. 2019년 3분기 1.6억 달러에서 급성장하고 있네요.

이처럼 많은 사람이 로블록스에 모여들고 오랫동안 모여들면서 결제도 하는데 로블록스는 계속 적자 상태입니다. 영업이익과 순이익모두 흑자를 달성하지 못하고 있죠. 2022년 3분기에도 로블록스는한 주당 벌어들이는 수익 즉, 주당순이익 −0.5달러로 적자입니다.

로블록스 손익계산서

(백만달러)	1Q19	2Q19	3Q19	4Q19	1Q20	2Q20	3Q20	4Q20	1Q21	2Q21	3Q21	4Q21	2019	2020	2021
순매출액	110.5	119.2	131.1	147.6	161.6	200.4	251.9	310.0	387.0	454.1	509.3	568.8	508.4	923.9	1,919.2
(YoY, %)	74.3	58.1	51.5	48.2	46.3	68.1	92.1	110.0	139.5	126.6	102.2	83.5	56.4	81.7	107.7
매출원가	25.9	27.7	31.6	37.2	41.8	53.7	65.8	78.6	97.9	116.9	130.0	152.0	122.4	239.9	496.9
매출총이익	84.6	91.5	99.6	110.4	119.8	146.7	186.1	231.4	289.0	337.2	379.3	416.8	386.0	684.0	1,422.3
매출총이익률(%)	76.6	76.7	75.9	74.8	74.1	73.2	73.9	74.6	74.7	74.3	74.5	73.3	75.9	74.0	74.1
개발자 수수료	22.7	23.3	26.2	39.8	44.5	85.1	85.5	113.7	118.9	129.7	130.0	159.7	112.0	328.7	538.3
인프라 비용	33.5	37.2	41.0	45.0	52.6	61.9	71.4	78.3	94.1	109.0	117.4	136.0	156.7	264.2	456.5
R&D 비용	21.6	24.8	28.0	32.7	49.4	40.2	51.7	60.1	96.6	124.7	138.2	173.6	107.1	201.4	533.2
일반관리비	8.8	9.8	10.3	13.0	30.6	18.7	16.2	31.9	94.4	97.7	51.6	59.4	41.9	97.3	303.0
판매 및 마케팅비용	8.4	10.1	12.7	13.5	15.7	13.9	12.9	16.0	20.0	19.0	19.6	27.8	44.7	58.4	86.4
영업이익(손실)	(10.4)	(13.7)	(18.7)	(33.6)	(73.0)	(73.0)	(51.5)	(68.6)	(135.1)	(142.9)	(77.4)	(139.7)	(76.4)	(266.1)	(495.1)
영업이익률(%)	(9.4)	(11.5)	(14.2)	(22.8)	(45.2)	(36.5)	(20.5)	(22.1)	(34.9)	(31.5)	(15.2)	(24.6)	(15.0)	(28.8)	(25.8)
이자수익	1.6	1.7	1.8	1.5	1.2	0.3	0.2	0.1	0.0	0.0	0.0	0.0	6.5	1.8	0.1
이자비용	-	-	-	-	-	-	-	-	-	-	-	(7.0)	-	-	(7.0)
기타 비용	(0.0)	(0.1)	(0.4)	(0.7)	(3.2)	0.5	1.3	1.3	(1.1)	0.0	(0.8)	0.0	(1.2)	(0.0)	(1.8)
세전이익(손실)	(8.8)	(12.1)	(17.3)	(32.9)	(74.9)	(72.3)	(50.0)	(67.2)	(136.1)	(142.9)	(78.2)	(139.6)	(71.1)	(264.3)	(496.8)
법인세 비용	-	0.0	0.0	0.0	0.0	0.0	0.0	(6.7)	0.0	0.0	(1.0)	0.7	(0.0)	(6.7)	(0.3)
순이익(손실)	(8.8)	(12.1)	(17.3)	(32.9)	(74.9)	(72.3)	(50.0)	(60.5)	(136.1)	(142.9)	(77.2)	(140.3)	(71.1)	(257.7)	(496.5)
순이익률(%)	(8.0)	(10.2)	(13.2)	(22.3)	(46.3)	(36.1)	(19.9)	(19.5)	(35.2)	(31.5)	(15.2)	(24.7)	(14.0)	(27.9)	(25.9)
조정 EBITDA	22.1	19.4	18.5	49	46.1	167.1	161	225.9	190.2	180.1	135.7	168.0	109.0	600.1	674.0
총매출액 대비 조정 EBITDA	15.5	12.9	11.2	20.7	18.5	33.8	32.4	35.2	29.2	27.1	21.3	21.8	15.7	31.9	24.7
총매출액 대비 비용	85.0	88.4	90.6	76.7	94.0	55.3	61.1	58.9	80.0	89.7	92.0	92.0	84.2	63.2	88.6

자료: 로블록스(Roblox)

결국 버는 돈보다 쓰는 돈이 많다는 얘기죠. 로블록스는 기업활동을 하며 다양하게 돈을 지출하고 있지만, 무엇보다 큰 비용 중 하나가 로블록스 세상을 더욱 고도화하고 안전하게 만드는데 많은 돈을 쓰고 있습니다.

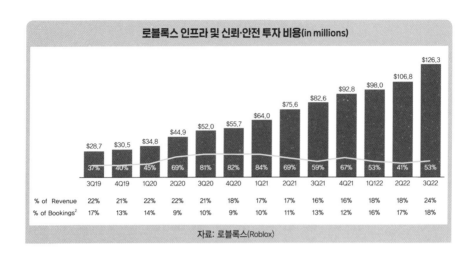

로블록스 인프라 및 신뢰·안전 투자 비용(in millions)

	3Q19	4Q19	1Q20	2Q20	3Q20	4Q20	1Q21	2Q21	3Q21	4Q21	1Q122	2Q22	3Q22
	$28.7	$30.5	$34.8	$44.9	$52.0	$55.7	$64.0	$75.6	$82.6	$92.8	$98.0	$106.8	$126.3
	37%	40%	45%	69%	81%	82%	84%	69%	59%	67%	53%	41%	53%
% of Revenue	22%	21%	22%	22%	21%	18%	17%	17%	16%	16%	18%	18%	24%
% of Bookings²	17%	13%	14%	9%	10%	9%	10%	11%	13%	12%	16%	17%	18%

자료: 로블록스(Roblox)

국내에서 메타버스하면 제일 먼저 떠오르는 네이버 제트가 만든 제페토 상황이 어떨까요? 제페토의 글로벌 누적 가입자 수는 2022년 3월 기준 3억 명입니다. 2020년 2월, 2억 명을 돌파한 데 이어 어느새 3억 명에 도달했네요. 2018년에 서비스를 시작했으니 정말 놀라운 속도입니다. 제페토는 2018년 8월 출시 이후 한국·중국·일본·미국 등 전 세계 200여 개 국가에서 서비스 중인데요. 현재 글로벌 월간 활성 이용자 수(MAU)는 2,000만 명, 해외 이용자 비중이 약 95%로 명실상부 글로벌 메타버스 플랫폼으로 자리 잡았습니다.

제페토를 운영하는 네이버 제트는 2021년 말 소프트뱅크 비전펀드(SVF)와 하이브·YG·JYP 등으로부터 2,235억 원을 투자받으며 약 1.2조 원의 기업가치를 인정받았는데요. 2020년 1,500억 원 수준에

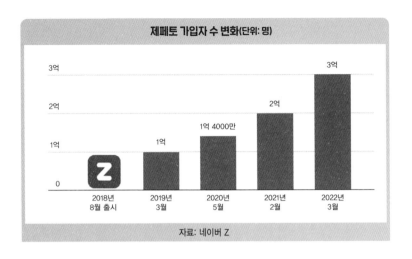

제페토 가입자 수 변화(단위: 명)

3억

2억

1억 4000만

1억

0

2018년
8월 출시

2019년
3월

2020년
5월

2021년
2월

2022년
3월

자료: 네이버 Z

서 1년 만에 기업가치가 8배 급증했습니다. 기업가치는 커졌지만, 실적은 적자입니다. 네이버 제트는 2021년 영업손실 295억 원, 당기순손실 1,129억 원으로 적자입니다. 스노우로부터 별도 법인으로 독립한 2020년은 영업손실 188억 9,706만 원, 당기순손실 192억 4,015만 원으로 적자 폭이 더 커졌네요. 메타버스 관련 투자는 진행되고 역시나 "돈은 언제 벌 것인가?"라는 질문에 당면해 있습니다. 네이버 제트가 투자를 유치하며 경쟁력 확보에 나섰으나, 제페토의 수익화가 여전히 요원한 상황인 만큼, 밑 빠진 독에 물 붓기가 아니냐는 지적이 나오기도 합니다. 실제로 네이버 제트는 2022년 상반기에만 19곳에 300억 원 이상을 투자했다. 인공지능을 포함해 투자 분야도 다양합니다. 사용자가 폭발적으로 늘어나니 서버 등 관리 비용도 늘어나고 인력도 더 많이 필요하겠지요.

(백만달러)	1Q19	2Q19	3Q19	4Q19	1Q20	2Q20	3Q20	4Q20	1Q21	2Q21	3Q21	4Q21	1Q22	2019	2020	2021
매출액	123.4	129.4	130.9	158.1	167.0	184.3	200.8	220.3	234.7	273.6	286.3	315.9	320.1	541.8	772.4	1110.5
(YoY, %)	54.1	45.4	37.5	35.7	35.3	42.5	53.3	39.4	40.6	48.4	42.6	43.4	36.4	42.3	42.6	43.8
매출원가	33.1	29.0	26.5	30.0	31.9	40.4	47.5	52.5	58.7	57.7	63.5	73.7	93.8	118.6	172.3	253.6
매출총이익	90.3	100.3	104.5	128.1	135.1	143.9	153.2	167.8	176.0	215.8	222.8	242.2	226.3	423.2	600.1	856.8
매출총이익률(%)	73.2	77.5	79.8	81.0	80.9	78.1	76.3	76.2	75.0	78.9	77.8	76.7	70.7	78.1	77.7	77.2
R&D 비용	54.5	64.3	64.0	73.1	81.8	85.1	116.6	120.0	154.0	154.2	178.4	209.1	221.0	255.9	403.5	695.7
판매 및 마케팅 비용	38.1	40.6	46.6	48.8	43.3	43.7	60.8	68.7	69.8	74.9	97.4	102.8	103.9	174.1	216.4	344.9
일반관리비	25.3	28.1	35.6	54.7	37.6	39.9	117.5	60.0	63.1	135.9	73.7	75.1	72.5	143.8	255.0	347.9
영업이익(손실)	(27.7)	(32.7)	(41.7)	(48.6)	(27.4)	(24.8)	(141.7)	(80.8)	(111.0)	(149.2)	(126.8)	(144.8)	(171.2)	(150.7)	(274.8)	(531.7)
영업이익률(%)	(22.4)	(25.3)	(31.9)	(30.7)	(16.4)	(13.5)	(70.6)	(36.7)	(47.3)	(54.5)	(44.3)	(45.9)	(53.5)	(27.8)	(35.6)	(47.9)
이자비용	1.2	-	1.8	0.1	0.1	1.3	0.6	0.1	0.1	0.5	-	0.5	(1.1)	3.1	2.2	1.1
이자수익	-	(0.5)	-	-	(1.9)	-	2.0	3.1	(1.6)	(0.1)	0.1	0.0	0.9	(0.5)	3.2	(1.6)
세전이익(손실)	(28.9)	(32.2)	(43.5)	(48.7)	(25.7)	(26.2)	(144.3)	(84.0)	(109.5)	(149.6)	(126.8)	(145.4)	(171.0)	(153.2)	(280.2)	(531.3)
법인세비용	3.1	2.9	2.0	1.9	1.0	1.2	0.4	(0.5)	(2.0)	(1.3)	(11.7)	16.3	6.2	9.9	2.1	1.4
순이익(손실)	(32.0)	(35.0)	(45.5)	(50.6)	(26.7)	(27.4)	(144.7)	(83.5)	(107.5)	(148.3)	(115.2)	(161.7)	(177.2)	(163.2)	(282.3)	(532.7)
순이익률(%)	(25.9)	(27.1)	(34.8)	(32.0)	(16.0)	(14.8)	(72.1)	(37.9)	(45.8)	(54.2)	(40.2)	(51.2)	(55.4)	(30.1)	(36.5)	(48.0)

자료: 유니티(Unity)

메타버스 세상을 만드는 저작도구를 판매하는 유니티(Unity) 역시 적자입니다. 상장 이후 계속 적자를 달성하고 있고 적자 폭도 커지고 있습니다. R&D 비용도 커지고 있죠. 2021년 말에 유니티는 영화 반지의 제왕 특수효과를 제작한 기업 '웨타 디지털'을 1.9조 원에 인수하기도 했습니다.

블록체인 기반의 메타버스 플랫폼은 어떤 상황일까요. 블록체인 정보 분석 기업 사이트 디앱레이더는 디센트럴랜드와 더샌드박스 플랫폼의 스마트 계약과 지갑 주소 간 상호작용을 토대로 하루 이용자 수를 도출했는데요. 디센트럴랜드와 더샌드박스에서 사용되는 화폐 즉, 토큰인 '샌드(SAND)', '마나(MANA)'로 구매 활동을 한 경우 등이 이에 해당합니다. 즉, 일시적으로 플랫폼에 접속하고 거래가 없는 이용자를 제외하면 디센트럴랜드의 일 최대 이용자 수는 675명, 더 샌드박스는 4,503명으로 분석되었습니다. 디센트럴랜드에서 2022년 9~10월 간 지갑이 활성화된 수(UAW, Unique Active Wallets)는 675개이고 해당 기간에 일어난 거래 수는 그림과 같습니다.

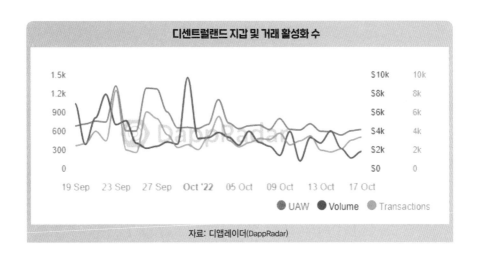

자료: 디앱레이더(DappRadar)

카이코(Kaiko)의 분석에 따르면 블록체인 기반 메타버스 플랫폼에서 사용되는 화폐 즉, 토큰(Token)의 거래량이 감소하고 있음을 알 수 있는데요. 2021년 9월에서 2022년 초에 거래량이 늘다가 이후 감소하고 있습니다.

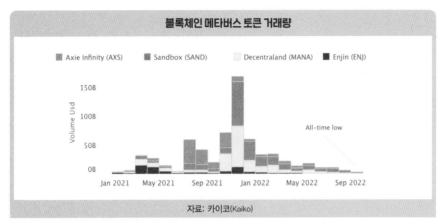

블록체인 메타버스 토큰 거래량

자료: 카이코(Kaiko)

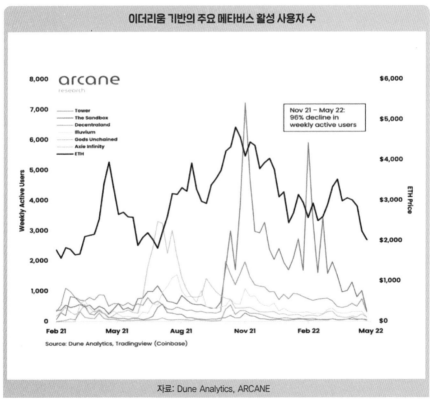

이더리움 기반의 주요 메타버스 활성 사용자 수

자료: Dune Analytics, ARCANE

디지털 부의 미래

아케인(ARCANE)의 분석에 따르면 이더리움 기반의 메타버스 플랫폼에서 활성 사용자 수가 감소하고 있음을 알 수 있는데요. 샌드박스의 활성 사용자 수 변동이 큰 것으로 나타났습니다.

05

디지털 부의 길,
가속과 감속의 구간이 있다

메타버스와 웹 3.0 혁명의 확산 경로 ●

혁신 기술이 등장하고 이후에 다양한 제품 및 서비스와 연계되어 대중들의 삶 속에 자리 잡기까지 일련의 과정을 거치게 됩니다. 가트너(Gartner)의 하이프 사이클(Hype Cycle)은 기술의 성숙도와 성장 주기를 이해하는 도구로 활용됩니다. 하이프 사이클은 다음과 같이 5단계로 이루어지는데요. 우선 기술 촉발(Technology Trigger)의 시기에 혁신 기술이 관심을 받기 시작합니다. 기대의 정점(Peak of Inflated Expectations) 시기에는 혁신 기술로 인한 초기 성공사례가 등장하며 집중조명을 받고, 환멸 단계(Trough of Disillusionment)에는 혁신으로 인한 부작용 등장, 제품 및 서비스 실패 사례가 나타나며 혁신의 거품론이 제기되어 기대감이 줄어들고 성공사례에 투자가 지속되는 시기이기도 합니다. 계몽 단계(Slope of Enlightenment)에는 혁신 기술로 인한 다양한 수익모델이 나타나며 자리를 잡고, 마지막으로 생산성 안정 단계(Plateau of Productivity)에는 새로운 혁신 기술이 시장의 주류로 자리매김합니다.

하이프 사이클을 인터넷 혁명기에 적용하여 해석해 볼 수 있습니다. 인터넷 혁명이 시작되고 초기에 사람들은 인터넷의 가치를 이해하지 못하지만 이후 인터넷으로 인한 변화를 감지하고 기대의 정점 구간으로 이동하게 됩니다. 인터넷 기업에 대한 기대감은 주식시장에 그대로 반영되고 2000년에 들어서는 정점에 이르게 됩니다. 인터넷에 대한 기대감은 최고조에 이르지만, 현실에서는 이 기대를 충족시켜줄 혁신은 나타나지 않고 부작용이 등장하며 무늬만 인터넷인 기업들은 도산하고 거품이 꺼집니다. 2000년 3월부터 2002년 10월까지 943일간 고점 대비 지수가 78% 가까이 하락하며 나스닥 역사상 가장 큰 하락 폭을 기록하게 되죠. 이후 수익성이 검증된 인터넷 비즈니스 모델을 가진 기업들이 경쟁력을 갖고 다양한 서비스가 대중들에게 인정받고 자리를 잡으며 시장을 주도하기 시작합니다. 아마존, 애플과 같은 현재의 빅테크 기업들이 이 시기를 지나 오늘에 이른 것이죠. 인터넷의 성장궤적과 함께 험난한 길을 거쳐왔습니다.

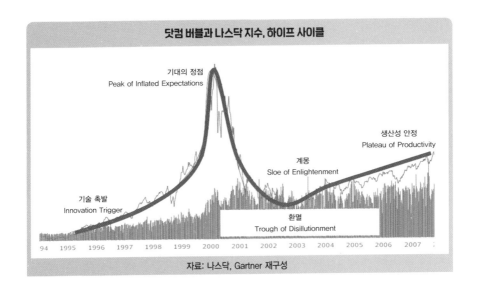

닷컴 버블과 나스닥 지수, 하이프 사이클

기대의 정점
Peak of Inflated Expectations

생산성 안정
Plateau of Productivity

계몽
Sloe of Enlightenment

기술 촉발
Innovation Trigger

환멸
Trough of Disillutionment

94 1995 1996 1997 1998 1999 2000 2001 2002 2003 2004 2005 2006 2007

자료: 나스닥, Gartner 재구성

2022년 말 기준, 메타버스와 웹 3.0, NFT는 하이프 사이클에서 기대의 정점 구간에 진입하면서 새로운 변화를 예고하고 있습니다.

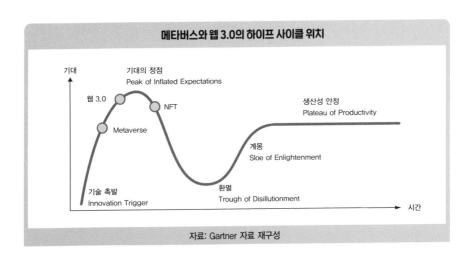

메타버스와 웹 3.0의 하이프 사이클 위치

기대

기대의 정점
Peak of Inflated Expectations

웹 3.0

NFT

생산성 안정
Plateau of Productivity

Metaverse

계몽
Sloe of Enlightenment

기술 촉발
Innovation Trigger

환멸
Trough of Disillutionment

시간

자료: Gartner 자료 재구성

디지털 부의 미래

빌 게이츠가 데이비드 레터맨과 인터뷰한 1995년 이후 인터넷 혁명이 오고 긴 시간 뒤에 인터넷 보급률이 정체되며 새로운 변화를 기대하는 시기가 오게 됩니다. 엔비디아와 이노코미스트지는 2020년 10월 "메타버스가 온다(Metaverse is coming)"고 언급하며 새로운 변화를 예고하고, 사람들에게 기대감을 불어넣기 시작했습니다. 이후 메타, 마이크로소프트 등 다양한 빅테크 기업들이 메타버스를 본격 언급하며 사명을 바꾸기도 하고, 새로운 기기와 서비스를 선보이기 시작하죠. 구글은 증강현실 안경 시제품을 발표하고, 애플은 새로운 메타버스 기기 출시를 예고합니다. 디즈니를 포함한 다양한 산업군의 기업들도 메타버스를 말하며 기대감은 더욱 고조되었죠.

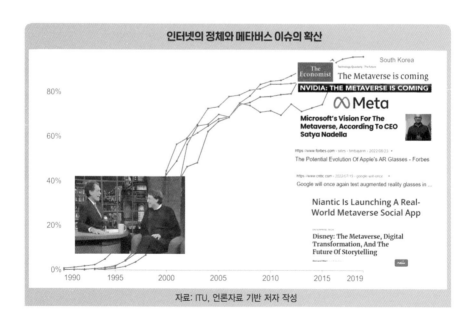

자료: ITU, 언론자료 기반 저자 작성

너도나도 메타버스를 외치며 새로운 미래를 이야기하고 투자 상품이 출시되면서 투자자의 마음은 요동칩니다. 2021년부터 국내에 메타버스에 투자하는 ETF 상품이 줄지어 출시되기 시작하죠. 메타버스 생태계에 수많은 기업이 있고 어떤 기업에 투자할지 하나씩 분석하며 알아가는 방법도 있지만, 그 방법은 시간이 많이 소요됩니다. 그리고 투자자에 따라 "나는 개별 기업이 아니라 메타버스 생태계 전체에 투자하고 싶은데 방법이 없을까" 고민하시는 분도 있을 겁니다. 그래서 자산운용사들이 메타버스 기업들을 선별해서 투자 포트폴리오를 만들고 투자자들이 손쉽게 투자할 수 있도록 만든 상품이 바로 메타버스 ETF(Exchanged Traded Fund)입니다.

국내 메타버스 ETF(Exchanged Traded Fund 2022년 11월 기준)

종목명	현재가	전일대비	등락률	매도호가	매수호가	거래량	거래대금(백만)
TIGER Fn메타버스 코스피	7,415	▼ 165	-2.18%	7,420	7,415	285,108	2,142
KBSTAR iSelect메타버스 코스피	6,575	▼ 170	-2.52%	6,575	6,570	150,613	1,003
KODEX K-메타버스액티브 코스피	7,735	▼ 90	-1.15%	7,735	7,730	415,038	3,234
HANARO Fn K-메타버스MZ 코스피	6,955	▼ 105	-1.49%	6,955	6,930	2,468	17
ACE 글로벌메타버스테크액티브 코스피	6,600	- 0	0.00%	6,610	6,600	237	1
KODEX 미국메타버스나스닥액티브 코스피	6,325	▼ 85	-1.33%	6,330	6,325	13,435	85
KBSTAR 글로벌메타버스Moorgate 코스피	7,180	▼ 150	-2.05%	7,180	7,175	108	0
TIGER 글로벌메타버스액티브 코스피	6,215	▼ 110	-1.74%	6,230	6,215	17,454	109
HANARO 미국메타버스iSelect 코스피	8,315	▼ 140	-1.66%	8,385	8,315	35	0
KODEX 차이나메타버스액티브 코스피	9,400	▲ 100	+1.08%	9,400	9,280	2,719	25
SOL 한국형글로벌플랫폼&메타버스액티브 코스피	8,840	▼ 125	-1.39%	8,910	8,840	96	0
신한 FnGuide 메타버스 ETN 코스피	5,385	▼ 30	-0.55%	5,365	5,330	191	1

자료: 네이버(Naver)

디지털 부의 미래

세계 최초로 NFT ETF가 2021년 12월에 상장되기도 했는데요. 디파이언스 디지털 레볼루션 ETF(Defiance Digital Revolution ETF)이며, 티커명은 NFTZ입니다. NFTZ의 투자 대상 선정 기준은 블록체인, 암호화폐로 수익을 창출하고 있거나 대차대조표상 암호화폐를 보유하고 있는 기업, 그리고 NFT 생태계에 관여하는 기업으로 제시되어 있는데 암호화폐 자산관리, 트레이딩, 결제, 채굴 관련 SW와 HW 기업을 주요 종목으로 선정했습니다. 주요 투자기업으로 NFT 마켓플레이스 진출을 발표한 게임스탑(GameStop), 암호화폐 채굴기업 라이엇(Riot) 블록체인, 마라톤(Marathon) 디지털이 있습니다. 또한 가상자산 은행 실버게이트 캐피털, NFT를 보유한 사람에게 콘텐츠 접근 권한을 부여하는 클라우드플레어(Cloudflare) 등이 포함되어 있습니다.

거대한 가속 이후 만난 감속 ──────────●

코로나로 비대면 상황에서도 기존의 경제, 사회, 문화 활동을 지속하기 위해 가상공간은 더욱 중요해졌습니다. 마이크로소프트 CEO인 사티아 나델라는 코로나로 인해 2년이 걸릴 디지털 전환(Transformation)이 지난 2개월 만에 이루어졌으며, 조직은 모든 것을 원격으로 전환하는 능력이 필요하게 될 것이라고 말했습니다. 또한,

SK텔레콤의 박정호 CEO는 "우리가 코로나로 국가 간 이동과 여행이 거의 되지 않고, 밀집된 공간에 모여서 사교하는 생활도 힘들고 안타까운 일상이었다. 이런 우리들의 일상의 경험이 가상세계, 즉 메타버스로 진화하는 속도를 10년은 앞당긴다고 보고 있다"라고 언급했습니다.

가상공간의 중요성은 더욱 늘어났고 메타버스를 활용하려는 다양한 시도가 이어졌습니다. 언론에는 연일 메타버스를 활용한 회의, 축제, 행사 등을 개최했다는 소식이 전해지고, 메타버스를 활용하지 않으면 변화에 뒤처지는 기업이라는 인식이 생길 정도였습니다. 『포모 사피엔스(Fear of Missing Out)』의 저자 패트릭 맥기니스(Patrick J. McGinnis)는 수많은 기업이 메타버스 등 새로운 변화를 따라가는 이유로 '두려움'을 언급했습니다. 새로운 혁신 기술로 경쟁기업이 우위를 갖게 될 것 같다는 두려움이 생기면 기업은 경쟁기업의 행동을 따라갈 유인이 생기는 것이죠. 기업들은 스스로 메타버스를 사용해야 하는 근본적인 이유를 모르면서 메타버스를 사용하기 시작하게 되는 것입니다. 놓치는 것에 대한 두려움, 즉, FOMO(Fear Of Missing Out)를 겪게 되는 것입니다. 기업뿐만 아니라 개인도 마찬가지입니다. 누군가는 새로운 변화를 읽고 투자하고 메타버스를 경험한다는데 나는 뒤처지고 있는 생각이 자꾸 드는 거죠.

코로나로 인한 양적완화로 시중에는 낮은 금리의 돈이 풀리기 시작했고 메타버스와 웹 3.0 분야에 투자가 늘어났습니다. 맥킨

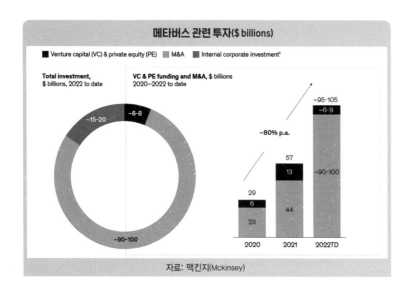

지(Mckinsey)에 따르면, 글로벌 기업들의 메타버스 관련 투자는 최근 급격하게 늘었습니다. 2020년 290억 달러였던 메타버스 투자는 2021년 570억 달러로 2배 증가했고, 2022년 5월까지 1000억 달러 이상 투자되어 이미 지난해 총 투자 금액을 훌쩍 넘은 상황입니다. 국내 벤처캐피털 근무자 401명을 대상으로 설문 조사한 한국벤처투자의 「VC 트렌드 리포트 2021」에서도 메타버스는 투자 시 고려할 주요 키워드로 조사되었습니다.

KPMG에 따르면 2022년 1월 기준 메타버스에 투자하고 있는 VC(Venure Cpaital)와 PE(Private Equity)등 투자사는 748개로 조사되었는데요. NFT와 암호화폐와 연계된 게임기업, 몰입공간 구현 기업,

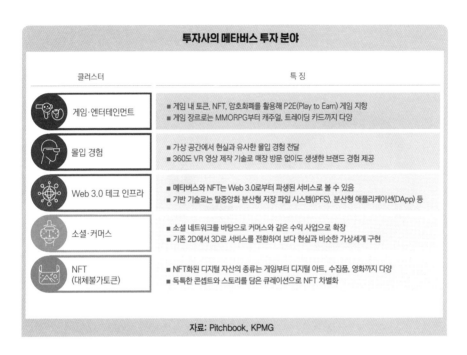

투자사의 메타버스 투자 분야

클러스터	특징
게임·엔터테인먼트	■ 게임 내 토큰, NFT, 암호화폐를 활용해 P2E(Play to Earn) 게임 지향 ■ 게임 장르로는 MMORPG부터 캐주얼, 트레이딩 카드까지 다양
몰입 경험	■ 가상 공간에서 현실과 유사한 몰입 경험 전달 ■ 360도 VR 영상 제작 기술로 매장 방문 없이도 생생한 브랜드 경험 제공
Web 3.0 테크 인프라	■ 메타버스와 NFT는 Web 3.0로부터 파생된 서비스로 볼 수 있음 ■ 기반 기술로는 탈중앙화 분산형 저장 파일 시스템(IPFS), 분산형 애플리케이션(DApp) 등
소셜·커머스	■ 소셜 네트워크를 바탕으로 커머스와 같은 수익 사업으로 확장 ■ 기존 2D에서 3D로 서비스를 전환하여 보다 현실과 비슷한 가상세계 구현
NFT (대체불가토큰)	■ NFT화된 디지털 자산의 종류는 게임부터 디지털 아트, 수집품, 영화까지 다양 ■ 독특한 콘셉트와 스토리를 담은 큐레이션으로 NFT 차별화

자료: Pitchbook, KPMG

메타버스와 웹 3.0 구현에 필요한 인프라 기업, NFT 기업 등 메타버스와 웹 3.0 전반에 투자가 이루어지고 있었습니다.

M&A도 활발하게 일어났습니다. 구글, 애플, 메타, 마이크로소프트 등 주요 메타버스 선도기업들이 경쟁력 확보를 위해 다양한 M&A를 추진하며 경쟁력을 확보하고 있었죠. 말 그대로 진격의 메타버스와 웹 3.0 시기였습니다. 메타버스와 웹 3.0 전환(Transformation)에 가속도가 붙은 것입니다.

글로벌 테크기업들의 메타버스 관련 M&A 추진 사례

인수 기업	피인수 기업	날짜	내용
구글	North	2020.06	스마트 글라스 '포칼스(Focals)'를 개발한 캐나다 기업으로 1.8억 달러에 인수
	Raxium	2022.05	AR·VR 애플리케이션용 마이크로 LED 디스플레이 개발업체
애플	NextVR	2020.05	VR 동영상 스트리밍 기업으로 대규모 VR 행사 전송 기술 보유
	Spaces	2020.08	2016년 드림웍스 애니메이션에서 분리된 기업으로 '터미네이터: 미래 전쟁의 시작' 등 위치 기반 VR 환경 및 체험 서비스 제공
메타 (舊 페이스북)	Scape Technologies	2020.02	GPS가 잡아내지 못하는 지점까지 감지해 위치 정확도를 높이는 위치 추적 기술 보유 스타트업
	Sanzaru Games	2020.02	대작 VR RPG 게임 '아스가르드의 분노(Asgard's Wrath)' 개발
	Ready at Dawn	2020.06	인기 VR 어드벤처 게임 '론 에코(Lone Echo)' 시리즈 개발사
	Downpour Interactive	2021.05	VR 슈팅 게임 '온워드(Onward)' 개발사
	BigBox VR	2021.06	가상현실에 최적화된 '파퓰레이션:원(Population: ONE)' 게임 개발사
	Within	2021.10	VR 피트니스 애플리케이션 '슈퍼내추럴' 개발사
마이크로소프트	ZeniMax Media	2020.09	'폴아웃', '둠', '엘더스크롤' 등 인기 게임 개발 스튜디오로 MS는 75억 달러에 인수
	Activision Blizzard	2022.01	'오버워치', '스타크래프트', '디아블로' 등 개발사를 687억 달러에 인수

자료: 언론보도, KPMG

작용이 있으면 반작용이 있듯이 항상 가속만 있을 순 없겠죠. 거대한 가속 이후에 메타버스와 웹 3.0 전환(Transformation)에 브레이크가 걸립니다. 감속의 구간이 시작된 것입니다. 코로나 상황이 호전되자 시중에 푼돈을 회수하기 시작하였고, 금리가 올라가기 시작합니다. 양적완화의 시기에서 양적 긴축의 시기로 접어든 것입니다. 게다가 우크라이나와 러시아의 전쟁으로 세계 경제 상황은 나빠지고, 물가는 오르는 위기상황이 맞이합니다. 기대했던 메타버스와 웹 3.0에서 성추행 사건이 생기고, 루나 사태, FTX 사태 등 다양한 문제와 부작용이 나타납니다. 환멸의 시기로 들어가는 것이죠.

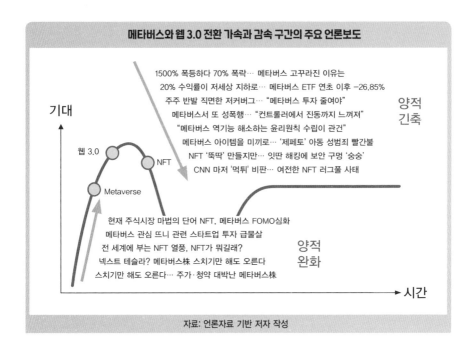

위의 그림은 가속과 감속의 나타났던 언론기사 제목들입니다. 가속의 구간에서는 마치 당장 메타버스와 웹 3.0을 놓치면 큰일 나고, 관련 주식과 코인은 사기만 하면 오를 것만 같습니다. 하지만 기대와 현실 간에는 간극이 존재하고 감속의 구간에서는 메타버스와 웹 3.0은 문제투성이고, 수익률은 계속 하락을 거듭하며 메타버스와 웹 3.0의 민낯이 드러났고, 가상 신대륙의 발견이 아니라 신기루라는 평가도 받게 됩니다.

메타버스와 웹 3.0이 2~3년 동안에 끝난다면 혁명이라고 하기는 어렵습니다. 인터넷 혁명의 기간을 우리는 30여 년 동안 지나왔죠.

인터넷 중독, 게임 중독 등 많은 문제와 금융위기 등의 외부 환경에
도 영향을 받아왔습니다. 메타버스와 웹 3.0 혁명도 가속과 감속의
구간을 지나고 있으며 앞으로도 이러한 변화는 계속 생겨날 것입니
다. 환멸의 시기를 지나 계몽과 생산성 향상의 시간이 되어도 항상
예상치 못한 외부 변수들이 생겨나기도 하죠. 특정 산업이나, 기업
에서 생기는 다양한 기회와 위험도 기다리고 있습니다. 메타버스와
웹 3.0 혁명의 전환기에 가속과 감속에 대한 이해를 바탕으로 투자
에 임할 필요가 있습니다.

인터넷 혁명의
판을 깨는 방식에 주목하라

새로운 주소가 만드는 기회

인터넷 혁명으로 수많은 웹사이트가 만들어져서 운영되고 있습니다. 이 웹사이트들은 모두 웹사이트 주소(address)를 가지고 있죠. 우리는 매일 인터넷 주소창에 외우기 어려운 16자리 숫자, 즉, IP 주소를 넣지 않고 주소인 도메인 네임(Domain name)으로 접속하고 있습니다.

네이버 웹사이트에 접속하기 위해서 223.30.200.104라는 IP 주소가 아닌 www.naver.com으로 접속하면 됩니다. 현실에서도 사람들이 사는 곳은 다르고 모두 다른 주소를 가지고 있으며 가치도 다릅니다. 마찬가지로 인터넷 주소도 사람들이 이해하기 쉽고, 사업목적에 맞는 편한 주소는 고가에 거래되어 판매되고 있는데요. 2010년에 insurance.com 주소는 약 361억 원에 판매되었고, 2007년 vacationrentals.com 역시 약 360억 원에 거래되었습니다. 장난감 판매 기업 ToysRUs는 2009년 toys.com을 51억에 사들이기도 했습니다. 2019년 5월에는 voice.com 도메인이 약 353억 원에 판매되었는데요. 도메인 판매 기업은 Micro Strategy이며 구매 기업은 Block.one으로 밝혀졌습니다. 구매자인 Block.one은 voice.com 도메인을 블록체인에 기반의 미디어 플랫폼으로 사용하고 있습니다. 국내에서도 korea.com은 2000년에 약 60억 원의 고가에 판매되기도 했습니다.

인터넷 도메인 주소 확보를 위해 많은 일들이 있었는데요. 1999년 세계 최대 석유기업 엑슨(Exxon)이 당시 4위의 모빌(Mobil)을 인수해 엑슨모빌(ExxonMobil)로 사명을 변경합니다. 바로 이 합병에서 가장 큰 이슈 바로 인터넷 도메인이었는데요. 합병회사의 이름 도메인인 'exxonmobile.com'과 'exxon-mobile.com'이 미리 선점되어 있었던 거죠. 당시 이 도메인이 꼭 필요했던 엑슨모빌은 거액을 주고 도메인을 사들였습니다. 2000년 5월에도 인터넷 주소가 이슈였습니다. 글로벌 통신기업 에릭슨이 유지비를 내지 않아 소유권을 잃은 IMT-2000 관련 인터넷 도메인 두 개를 선점당한 것입니다. 에릭슨이 유지비를 연체해 소유권을 상실한 사이에 다른 사람이 도메인을 등록하고 새 주인이 된 것이죠. 백억 원의 가치를 지닌 인터넷 도메인을 당시 단돈 56달러에 산 것입니다.

이처럼 누군가는 인터넷 주소를 미리 선점하거나, 혹은 교체 시기에 주소를 사서 돈을 벌기도 하지만 주소로 가장 많은 돈을 번 기업은 우리가 가장 많이 접속하는 '.com'이라는 주소를 운영하는 기업이겠지요. 베리사인(VERISIGN)은 1995년 이래로 독점적으로 '.com', '.net.'

의 '영권을 가지고 있는 기업입니다. 베리사인은 국제인터넷 주소관리기구, ICANN(Internet Corporation for Assigned Names and Numbers)과 계약을 맺고 '.com', '.net'으로 끝나는 도메인 이름을 저장하는 파일을 만들어 관리합니다. 이러한 서비스를 통하여 도메인을 안전히 관리하고 도메인 사용자를 늘리는 것이 주요 사업입니다.

누군가 국내에서 '~.com'을 사용하여 웹사이트를 개설했다면 국

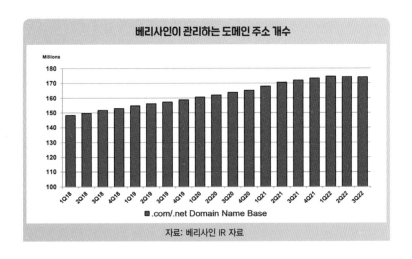

자료: 베리사인 IR 자료

내 도메인 중계 기업에 사용료를 매년 지불하고, 그중에 일부는 상위 도메인을 가지고 있는 베리사인에게 지급됩니다. 베리사인은 '.com', '.net'으로 웹사이트가 개설되기만 하면 돈을 벌게 되는 거죠. 2022년 3분기 기준 베리사인은 1억 7,420만 개의 '.com', '.net' 주소를 운영하며 돈을 벌고 있습니다.

인터넷 웹사이트가 생겨날수록 매출이 늘고, 주소만 관리하기 때문에, 고정비용이 낮아 영업이익률도 2022년 3분기 66.3%로 높습니다.

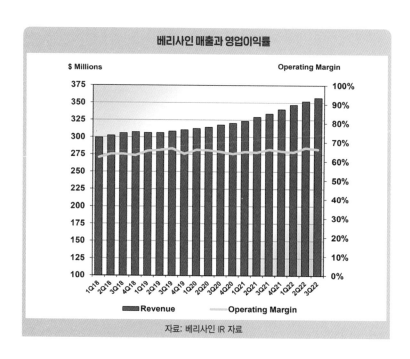

베리사인 매출과 영업이익률

자료: 베리사인 IR 자료

베리사인 주가 변동

250
200
150
100
50
0

2001년　　2005년　　2009년　　2013년　　2017년　　2021년

자료: 베리사인 IR 자료

베라사인의 기업가치는 말 그대로 인터넷 혁명과 함께했다고 볼 수 있습니다. 하이퍼 커브에서 인터넷 혁명의 촉발기를 지나, 기대의 정점에서 닷컴 버블을 만나고 환멸의 단계를 지나서 이후 주류 시장에 이르기까지 긴 역사와 함께 한 것이지요. 여기서 우리는 기대의 정점 구간에서 기대감만으로 투자했을 때, 기업가치를 회복하기까지 이후 많은 시간이 소요되었음을 알 수 있습니다. 투자의 시작 시점이 얼마나 중요한지 알 수 있는 사례입니다. 물론 수많은 개별 기업이 같은 패턴을 보이지는 않습니다. 각 기업의 실적과 전략에 따라 성장은 상이하게 일어나지만 인터넷 주소라는 사업은 인터넷 혁명이라는 거대한 사이클과 함께하는 특성이 있다는 측면에서 기업을 볼 필요가 있습니다.

인터넷 혁명 이후, 또 다른 혁명이 온다면 사람들이 접속하는 주소 측면에서도 변화가 생기지 않을까요?

2022년 7월, 이더리움 네임 서비스(Ethereum Name Service, ENS)에서 관리하는 주소 '000.eth'가 4억 원에 팔렸습니다. 나이키의 ENS인 Nike.eth가 6만 달러에 팔리기도 했고, 개인이 소유한 샤넬 Chanel.eth, 에르메스 Hermes.eth도 5만~6만 달러에 입찰받은 것으로 알려져 있습니다.

ENS는 숫자와 알파벳으로 이뤄진 이더리움 지갑 주소를 사람이 읽을 수 있는(Human-readable) 이름으로 바꿔주는 서비스로, '.eth'로 끝나며 웹사이트 주소나 NFT 역할을 할 수 있습니다. 복잡한 조합의 가상자산 지갑이나 거래 주소를 쉽게 읽을 수 있는 영문이나 숫자로 바꿔주는 서비스로 도메인 끝에 '.eth'가 붙는 점이 특징입니다. 인터넷 혁명의 시대에 도메인 주소가 있듯이, 웹 3.0 시대에는 이더리움 주소가 생긴 것이죠.

DNS와 ENS

DNS is vital to the success of the Internet

ENS is vital to the success of blockchains

자료: 브랜틀리 밀리건 전 ENS 운영 이사 발표 자료

암호화폐 지갑을 만들면 생성되는 복잡한 주소를 모두 외우기는 힘들겠죠. 사람들에게 나의 암호화폐 지갑 주소를 이름으로 대신 알려주면 거래할 때 매우 편리할 것입니다. 이더리움의 창시자인 비탈릭 부테린의 트위터에 보면 자신의 ENS 주소가 표시되어 있습니다. vitalik.eth이라는 주소를 사용하고 있는 거죠.

비탈릭 부테린의 트위터에 표시된 ENS 주소, vitalik.eth

자료: 비탈릭 부테린 트위터

크고 작은 변화가 있겠지만, ENS의 성장도 웹 3.0의 발전과 그 궤적을 같이하지 않을까 전망해 볼 수 있습니다. 웹 3.0의 생태계가 더욱 커지고 더 많은 참여자가 생길수록 ENS의 활용도도 높아질 것이고, 반대의 경우도 생길 것입니다. 웹 3.0이 기대의 정점에서 이제 현실적인 측면에서 어떻게 활용되며 가치를 창출할 것인지에 시장이 주목하고 있습니다. 앞으로 맞이할 새로운 혁명의 시간을 고려하

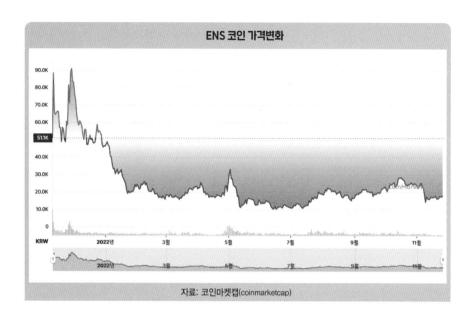

ENS 코인 가격변화

자료: 코인마켓캡(coinmarketcap)

고 기대의 정점에서 과도하게 미래가치가 반영된 것은 아닌지 확인
해볼 필요가 있을 것입니다.

  '.eth'의 주소체계만 있는 것은 아닙니다. 2019년에는 블록체인 도
메인 서비스 기업 언스토퍼블 도메인스(Unstoppable Domains)가 사
용자가 자신의 암호화폐 공개 주소를 '.crypto' 도메인 형태로 쓸
수 있게 해주는 서비스를 시작했습니다. 기존 인터넷 도메인은 연
간 계약으로 과금했지만 언스토퍼블의 서비스는 1회 요금, 즉 이용
할 때마다 요금을 내는 건당 요금으로 이용할 수 있습니다. 2022년
6월 언스토퍼블 도메인(Unstoppable Domains)은 시리즈 A펀딩 라운

언스토퍼블 도메인(Unstoppable Domains)

자료: unstoppabledomains.com

드에서 6,500만 달러(약 845억 원)를 조달했습니다. 투자 심사 평가액이 10억 달러에 달하면서 유니콘 대열에 들어섰는데요. 유니콘은 기업가치 10억 달러, 즉 1조 원이 넘는 신생기업을 의미합니다. 언스토퍼블 도메인의 이번 펀딩 라운드는 판테라 캐피탈(Pantera Capital)이 주도했으며 알케미 벤처스(Alchemy Ventures), OKG 인베스트먼트, 폴리곤, 기존 출자 기업인 부스트VC와 드레이퍼 어소시에이츠 등이 참여했습니다. 언스토퍼블은 '.crypto' 외에도 '.bitcoin', '.coin', '.blockchain'등 10종류의 도메인을 소유하고 있습니다. 그리고 2019년 창업 이후, 3년 동안 250만 개의 도메인을 등록해 8,000만 달러의 수익을 창출했고 시리즈 A 투자유치로 더욱 기업가치가 상승한 것입니다.

블록체인 기반의 도메인에 대한 우려의 목소리도 있습니다. 마이크로소프트는 2021년 10월 블록체인 기반 도메인 구조는 국제인터넷 주소관리기구, ICANN(Internet Corporation for Assigned Names and Numbers)과 같은 기구가 없어 사이트를 폐쇄하거나 소유자를 추적하기 어려워 범죄 네트워크 구축 수단이 될 수 있다고 경고한 바 있습니다. 새로운 변화로 생겨날 기회와 동시에 위험도 고려할 필요가 있습니다.

인터넷 광고의 판이 바뀐다 ─────────────────●

인터넷 혁명의 시대에 들어서며 세계 광고시장의 판이 변화했습니다. 급성장하던 신문광고는 2007년 이후로 하락하기 시작하고, 잡지도 하락 추세를 면치 못하게 됩니다. TV 광고는 2014년 이후 급속히 하락하기 시작하고 그 빈자리를 검색, 소셜미디어, 온라인 비디오, 전자상거래 광고가 대체하기 시작하며 광고시장의 주류를 이루고 있습니다. 인터넷으로 사람들이 모이는 방식과 장소가 바뀌자 돈의 흐름이 바뀐 것입니다.

인터넷을 시작할 때 우리는 보통 구글의 크롬(Chrome)이나 MS의 인터넷 익스플로러(IE, Internet Explorer)와 같은 브라우저를 활용해서

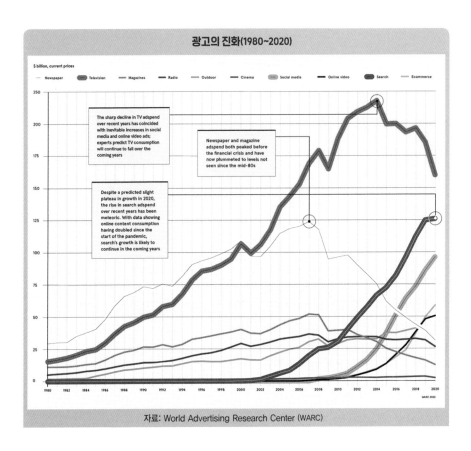

광고의 진화(1980~2020)

$ billion, current prices

— Newspaper　● Television　— Magazines　— Radio　— Outdoor　— Cinema　● Social media　— Online video　● Search　— Ecommerce

The sharp decline in TV adspend over recent years has coincided with inevitable increases in social media and online video ads; experts predict TV consumption will continue to fall over the coming years

Newspaper and magazine adspend both peaked before the financial crisis and have now plummeted to levels not seen since the mid-80s

Despite a predicted slight plateau in growth in 2020, the rise in search adspend over recent years has been meteoric. With data showing online content consumption having doubled since the start of the pandemic, search's growth is likely to continue in the coming years

WARC 2020

자료: World Advertising Research Center (WARC)

다양한 웹사이트를 방문합니다. 크롬 브라우저를 더블클릭해서 실행하고, 검색이 필요하면 주소창에 구글 주소를 입력하고 다양한 정보를 검색합니다. 구글은 사람들이 검색하는 정보에 기반하여 맞춤형 광고를 붙이고 인터넷 혁명의 시간 동안 큰돈을 벌었습니다.

인터넷 혁명의 시기 초반에는 사람들이 PC로 인터넷을 할 때 MS의 인터넷 익스플로러나 파이어폭스(Firefox)를 많이 사용했으나, 구

디지털 부의 미래

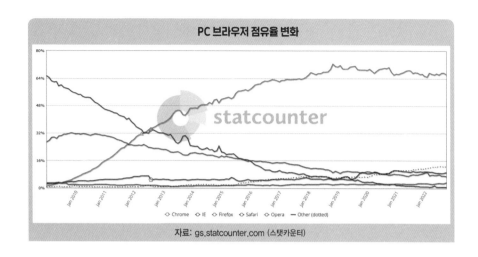

PC 브라우저 점유율 변화

statcounter

◇ Chrome ◇ IE ◇ Firefox ◇ Safari ◇ Opera ── Other (dotted)

자료: gs.statcounter.com (스탯카운터)

글의 크롬이 등장한 후 판도가 바뀌면서 이제 대부분은 크롬을 많이 사용하고 있습니다. PC로 접속하는 유선 인터넷 광고의 주도권이 구글로 넘어간 것입니다.

우리는 PC뿐만 아니라, 스마트폰으로도 인터넷에 접속해서 많은 활동을 합니다. 스마트폰 보급 초기에는 애플의 사파리(Safari) 브라우저가 선두였으나, 구글의 크롬이 등장하며 스마트폰에서도 크롬이 영향력이 커지면서 1위를 차지하고 사파리는 2위를 유지하고 있습니다. 많은 광고 수익을 구글과 애플이 가져가죠. 브라우저 경쟁력을 확보하면 광고시장에서 우위를 점할 수 있어 경쟁 또한 치열합니다.

검색 광고 외에도 페이스북, 인스타그램과 같은 소셜미디어 기업의 광고, 유튜브와 같은 온라인 비디오 광고 등 다양한 기업들이 광

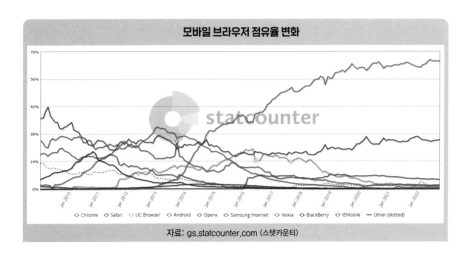

모바일 브라우저 점유율 변화

◇ Chrome ◇ Safari ◇ UC Browser ◇ Android ◇ Opera ◇ Samsung Internet ◇ Nokia ◇ BlackBerry ◇ IEMobile — Other (dotted)

자료: gs.statcounter.com (스탯카운터)

고로 돈을 벌고 있습니다. TV, 신문, 잡지, 라디오 등의 광고시장이 인터넷으로 지각변동이 생긴 것입니다.

이제 메타버스와 웹 3.0의 시대가 시작되면서 또 다른 변화의 움직임이 일어나고 있습니다. 새로운 혁신은 기존의 방식과 관성에 도전하며 시장의 판도를 바꾸려고 하죠. 기존 인터넷 광고시장의 판도를 바꾸려는 시도가 생기고 있습니다.

웹 3.0 기반의 검색 브라우저 브레이브(Brave)가 구글 크롬에 도전하고 있는데, 브레이브는 크롬이나 인터넷 익스플로러 등과 연동되지만 인터넷 광고를 차단해서 브라우저의 속도를 높였습니다. 더 빠르면서 메모리에 부하를 주지 않고, 배터리 소모가 적어 더 오래 사용할 수 있는 장점이 있죠.

디지털 부의 미래

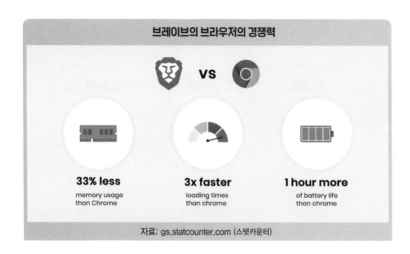

브레이브의 브라우저의 경쟁력

VS

33% less
memory usage
than Chrome

3x faster
loading times
than chrome

1 hour more
of battery life
than chrome

자료: gs.statcounter.com (스탯카운터)

아래 그림을 보시면 3개의 브라우저로 동시에 CNN에 접속했는데 브레이브 브라우저가 가장 빠르게 접속이 되고 또한, 크롬과 파이어 폭스 브라우저에는 다양한 광고가 보이는데 브레이브 브라우저에는 광고가 보이지 않습니다.

브라우저별 접속화면 및 속도 비교

06.80 sec

02.55 sec

07.83 sec

Chrome Browser

Brave Browser

Firefox Browser

자료: CNN

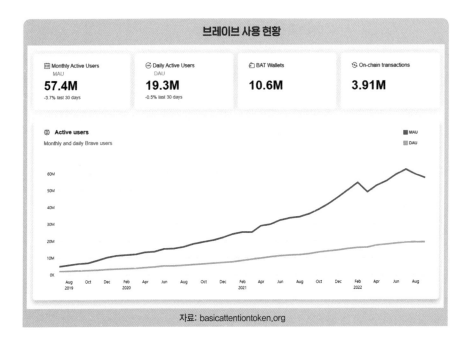

자료: basicattentiontoken.org

브레이브 브라우저는 사용자의 개인 정보를 수집하지 않고, 광고를 차단해서 사용자가 더 빠르고 편하게 사용할 수 있도록 지원하고 있는데요. 만일 내가 광고를 볼 수 있도록 옵션을 설정하면 광고를 보는 대가를 브레이브가 발행한 BAT(Bagic Attention Token) 토큰으로 보상받을 수 있습니다. 크롬보다 빠르고, 개인정보 유출 우려도 낮고, 광고를 보면 보상까지 받을 수 있는 거죠. 2022년 8월 브레이브 브라우저의 월간 활성 사용자 수는 전년 대비 두 배 늘어 5,740만 명이 넘었고 일 평균 활성 사용자 수도 1,930만 명을 기록하고 있습니다. 브렌든 아이크(Brendan Eich) 브레이브 CEO는 "우리는 거

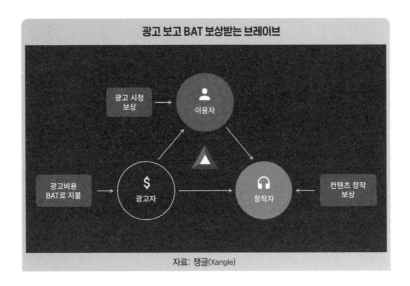

광고 보고 BAT 보상받는 브레이브

광고 시청 보상 → 이용자

광고비용 BAT로 지불 → 광고자

컨텐츠 창작 보상 → 창작자

자료: 쟁글(Xangle)

대 정보통신 기업들의 족쇄로부터 웹을 자유롭게 구축하기 위해 우리의 비전을 공유하는 파트너와 협력하고 있고 관련 제품의 범위와 생태계를 넓히는 데 성공적인 한 해를 보냈다"라고 언급한 바 있습니다. BAT 토큰을 거래하는데 사용되는 암호화폐 지갑 수도 10만 개가 넘게 만들어져 있습니다.

광고주는 광고를 게시하기 위해 BAT 토큰을 잠긴 상태로 지급하고, 이용자가 일정 시간 이상 광고를 시청하면 광고주가 지급한 BAT가 잠금 해제되어 보상을 받는 형태입니다. 또한, 컨텐츠 크리에이터들 역시 보상을 받을 수 있는데요. 만일 여러분이 운영하는 인터넷 방송이나 별도의 사이트를 운영하시면 BAT로 후원을 받으실 수 있습니다.

브레이브의 BAT는 주요 암호화폐 거래소에 상장되어 거래되고 있습니다. 거래소 상장 이후 미래에 대한 기대감으로 주목받은 후 암호화폐 시장에 겨울이 오면서 다시 가치가 떨어졌는데요. 무엇보다 브레이브가 앞으로 사용자에게 신뢰를 주며 투명하게 BAT를 관리하고 서비스를 제공하며 확장할 것인지가 관건이 될 것입니다.

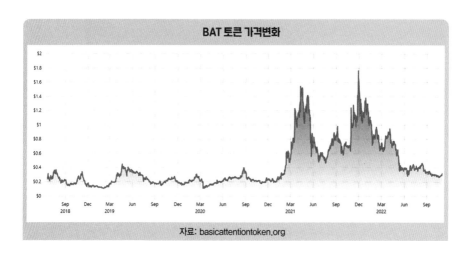

자료: basicattentiontoken.org

브레이브는 하나의 기업 사례입니다. 인터넷 혁명이 오랜 시간 동안 광고시장의 판을 변화를 일으켰듯이 메타버스와 웹 3.0이라는 새로운 혁명도 또 다른 변화를 일으킬 것으로 전망됩니다. 하루아침에 이 모든 변화가 일어나지 않으며, 이러한 변화를 시도하는 혁신적인 기업들은 계속 나타나겠지요. 판의 변화가 일어나는 방식과 방향, 그리고 기업들에 주목하며 새로운 투자 방향을 고민해 볼 시기입니다.

디지털 부의 미래

가상공간력에 끌리는 광고

공간에 사람들이 모이고 상호작용을 하게 되면 그 공간에는 힘이 생깁니다. 새로운 사람을 만날 수 있고, 아이디어가 나오고, 투자가 결정되기도 하죠. 사람들이 모인 공간에 광고하면 더 많은 제품과 서비스를 판매할 수도 있습니다. 지금까지 사람들은 2D 기반의 평면적인 인터넷, 이미지, 텍스트, 영상 중심의 연결로 모여있었지만, 이제는 3D 공간 속에서 경제, 사회, 문화 활동을 하니 이곳에 광고하는 비중도 늘어나지 않을까요? 말 그대로 가상공간력이 존재하고 거기에 광고의 기회가 더 커질 것입니다.

가상공간력을 만들기 위해서는 사람들이 모여있는 가상공간에서 더 많은 상호작용과 모인 사람들의 특성에 맞는 가치가 제공되어야 하는데요. 광고 관점에서 보면 어떠한 가상공간에 어떤 사람들이 어떠한 목적으로 모이는지, 그 안에서 어떠한 광고를 할지가 관건일 것입니다.

리바이스는 게임 안에서 자연스러운 광고를 가능하게 하는 솔루션을 제공하는 기업 안주(ANZU)와 협력하여 로블록스 등 게임 안에서 자연스럽게 리바이스를 광고하여 매출을 높였는데요. 중요한 것은 가상공간에서 경제, 사회, 문화 활동하는데, 광고가 이를 방해하면 안되겠죠. 안주(ANZU)는 가상광고 의뢰가 들어오면 광고에 적합한 게임을 먼저 찾고, 가상공간의 방문자를 분석한 후 광고에 적합

안주(ANZU)와 협업한 게임 내 리바이스 광고

자료: 안주(ANZU)

한 가상공간을 찾습니다. 글로벌 통신기업 보다폰의 초고속 인터넷 서비스를 레이싱 경기 도착지점 앞에 광고해서 속도가 중요한 인터넷 서비스를 사용자에게 각인시킨 것이죠. 안주(ANZU)를 활용해 가상공간 안에서 개인 맞춤형 광고할 수도 있습니다. 안주(ANZU)는 소니 등 다양한 기업들에게 투자받으며 고성장하고 있습니다.

투자관점에서 다가올 메타버스와 웹 3.0의 시대에 가상공간력을 누가 어떻게 만드는지를 보는 통찰이 필요할 것입니다. 로블록스에 한번 로그인하면 사용자들은 평균 2시간 이상을 머무르고 있습니다. 아직 로블록스는 광고를 통한 매출이 본격화되지 않은 상황이죠. 로블록스가 이 광고를 누구와 어떻게 만들어 가는지, 부족한 역량을 어떻게 수급할 것인지, 인수할 것인지 등 다양한 측면을 고려해볼 필요가 있습니다. 2022년 3분기 로블록스는 여전히 적자 중이고, 새로운 성장동력이 필요하며 광고는 성장에 있어서 매우 중요한 분야가 될 것입니다. 로블록스는 2024년 몰입형 광고를 출시하겠다고 발표했습니다. 단순히 로블록스는 메타버스 기업이고, 현재 많은 사람이 모여있으니 유망하다는 단순한 접근을 넘어서 투자관점에서 관련한 기업과 이해관계자를 잘 살펴볼 필요가 있습니다.

광고의 미래를 보고 준비하는 기업에도 관심을 가질 필요가 있겠죠. MS도 그러한 기업 중 하나입니다. MS는 인터넷 혁명 시대에 강자이지만 광고매출은 타 기업 대비 매우 작은 수준입니다. 링크드인 등 SNS도 있고, 인터넷 익스플로러 브라우저와 검색엔진 빙(Bing)도 있지만, 매출은 구글의 10% 미만입니다. 이마케터가 발표한 2021년도 전 세계 디지털 광고시장 점유율은 구글이 29%로 1위에 올랐고, 이어, 페이스북 24%, 알리바바 9%, 아마존 5%, 텐센트 3% 순으로 분석되었습니다.

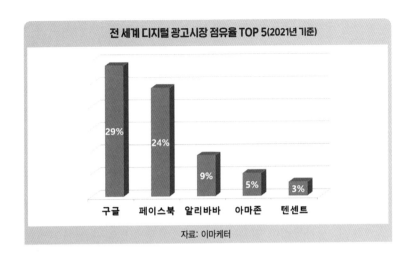

전 세계 디지털 광고시장 점유율 TOP 5(2021년 기준)

29% 구글
24% 페이스북
9% 알리바바
5% 아마존
3% 텐센트

자료: 이마케터

MS는 2021년 디지털 광고 판매자와 구매자를 연결해주는 기업 잰더(Xandr)를 인수했습니다. 이후, MS가 자사의 콘솔 게임기인 엑스박스(Xbox)의 무료 게임에 광고를 넣는 방안을 검토한다고 보도되었습니다. MS가 준비 중인 광고는 게임 플레이를 방해하지 않는 방식 즉, 예를 들어 레이싱 게임의 광고판에 나타나는 형태인데요. 안주(ANZU)가 구현하는 가상광고 방식과 유사합니다. MS는 이 같은 광고로 인해 이용자들의 불만이 커질 것을 우려해 특정 브랜드만 광고를 허용할 수 있도록 하는 방안을 검토하고 있습니다. 무분별한 광고를 막겠다는 것이죠. MS의 미래 광고에 대한 접근은 다양한 시각으로 볼 수 있습니다. 향후, 광고로 돈을 버는 방법도 물론 고민하겠지만, 다양한 개발자들이 무료 게임을 엑스박스에 만들고 광고로 수익을 얻을 수 있도록 하면 엑스박스의 경쟁력이 높아질 것입니다.

2022년 리그오브레전드 글로벌 주요 리그 후원사 현황

구분	LCK(대한민국)	LPL(중국)	LEC(유럽)	LCS(북미)
후원사	우리은행 (금융)	Mercedes Benz (자동차)	LG 울트라기어 (IT)	스테이트팜 Statefarm (보험)
	bbq (QSR)	Nike (스포츠웨어)	기아 KIA (자동차)	FTX (블록체인 암호화폐 거래소)
	HP OMEN (컴퓨터)	Momchilovtsi (식품, 요구르트)	킷캣 KitKat (식품, 과자)	시크릿랩 SecretLab (게이밍 의자)
	LG 울트라기어 (모니터)	JD (유통)	산탄데르 은행 Santander (금융, 은행)	마스터카드 Master Card (신용카드)
	로지텍 (게이밍 기기)	Mobil Oil (자동차 용품)	로지텍 Logitech (IT)	레드불 Red Bull (식품, 에너지 드링크)
	OP GG (게임데이터 플랫폼)	LENOVA LEGION (IT)	시크릿랩 SecretLab (게이밍 의자)	버드라이트 Bud Light (맥주)
	시크릿랩(게이밍 의자)	체쟈쟈 (식품)	프라임 게이밍 prime gaming (아마존)	버라이즌 Verizon (IT)
	CGV(극장)	TCL (IT)	레드불 Red Bull (식품, 에너지 드링크)	삼성 SSD (IT)
	티파니앤코(쥬얼리)	War Horse Energy Drink (식품, 에너지드링크)	워너 뮤직 그룹 Warner Music (음악)	그럽허브 Grubhub (배달 플랫폼)
	JW중외제약(제약)	KFC (QSR)	마스터카드 Master Card (신용카드)	버팔로 와일드윙 Buffalo Wild Wings (음식점)
		TT Yuyin (IT, VoIP 인터넷 전화)		프라임 게이밍 prime gaming (아마존)
		Oneplus (IT, 스마트폰)		로캣 Roccat (IT)
		Liepin (IT, 구직 플랫폼)		HBO_House of the Dragon (방송 채널)
		Autofull (게이밍 체어)		
		Intel (IT)		
		Yves Saint Laurent (뷰티)		

자료: 라이엇게임즈 코리아

2022년 롤드컵이라고 불리우는 세계 최대 e스포츠 대회, 리그오브레전드 월드 챔피언십 결승전에 전 세계에서 500만 명 이상이 동시 접속하며 흥행에 성공했습니다. 2021년 롤드컵 결승전 401만 8,728명보다 28.1% 증가한 수치이며, 역대 모든 e스포츠 경기 중 2번째로 높은 동시 접속 시청자 수 기록입니다. 2022년 리그오브레전드 글로벌 후원사들을 보면 정말 많은, 다양한 기업들이 참여하고 있죠. 이처럼 가상공간력이 있는 곳에 광고가 모이고, 이 안에서 새로운 기회를 찾아내는 기업들이 나타날 것입니다.

가상을 지렛대로 움직이는 기업들 ──────────●

   기업을 설립해서 6인조 여성 아이돌 그룹을 결성하고 곡과 뮤직 비디오를 만든 후 벅스와 가온 음원 순위 1위를 달성하려면 얼마의 비용이 들어갈까요? 개인은 엄두도 내기 어렵고, 이런 일은 엔터테인먼트 분야를 주도하는 하이브, SM, JYP, YG 등과 같은 대형 기획사들이 할 수 있지 않을까요?

   이 모든 걸 '우왁굳'이라는 크리에이터가 1,000만 원 이하의 비용으로 '이세계 아이돌(이세돌)'이라는 6인조 가상 여성 아이돌 그룹을 결성하며 해냈습니다. 2021년 6월, 우왁굳은 VR 챗(VR Chat)이라는 가상세계에서 가상 아이돌 선발 오디션 공지 글을 올렸는데, 이세돌 프로젝트는 이렇게 시작되었습니다. 기존 오프라인 오디션을 통해 신인 가수를 선발하는 프로젝트는 너무도 많이 시도되었지만, 가상 오디션은 기존에 없던 새로운 시도였고 많은 관심을 받습니다. 오디션 진행부터 연습 과정, 뮤직비디오 촬영까지 모두 가상에서 이루어졌으며, 리와인드(RE:WIND)라는 곡이 세상에 등장하게 되죠.

   2021년 12월에 발표한 데뷔곡 리와인드(RE:WIND)는 벅스와 가온 음원 순위 1위를 기록하며 새로운 시대의 스타 탄생을 알렸습니다. 가상공간에서 이뤄지는 이세돌의 생방송에는 평균 1만여 명이 모이고, 리와인드(RE:WIND) 뮤직비디오는 유튜브 조회 수가 1,000만 회

리와인드(RE:WIND) 뮤직비디오

RE:WIND
ISEGYE IDOL

자료: 왁타버스(WAKTAVERSE)

를 넘어섰습니다. 우왁굳이 운영하는 이세돌이 소속사인 왁 엔터테인먼트 사옥은 가상에 존재하고 이들의 모든 활동도 가상에서 이루어집니다. 이세돌 멤버들은 서로 얼굴을 알지 못하고 현실에서도 만난 적이 없다고 합니다.

이세돌과 팬들은 양방향으로 소통하고 있습니다. 실제 세계에서 만날 수는 없지만, 개인적인 소통은 일반 연예인보다 더 쉽죠. 6명의 가상 아이돌 멤버들은 모두 아바타의 모습으로 유튜브 채널을 운영하며 1인 방송을 하고 있고 팬들은 이들과 소통할 수 있습니다. VR챗에서 직접 만나 소통할 수도 있죠. 팬 아트나 팬 게임을 만들면 바로 방송에서 피드백을 받을 수 있고, 팬이 뮤직비디오 등 콘텐츠 제

2021년 12월 17일 벅스 순위

곡 차트	실시간 2021.12.17 17:00		더 보기 ›
1 –	RE : WIND	이세계 아이돌	▶ + ⋮
2 ↑2	Counting Stars (Feat. Beenzino)	BE'O (비오)	▶ + ⋮
3 ↓1	ELEVEN	IVE (아이브)	▶ + ⋮
4 ↓1	눈이 오잖아(Feat.헤이즈)	이무진	▶ + ⋮
5 –	회전목마 (Feat. Zion.T, 원슈타인) (Prod. Slom)	sokodomo	▶ + ⋮
6 ↑2	strawberry moon	아이유 (IU)	▶ + ⋮
7 –	리무진 (Feat. MINO) (Prod. GRAY)	BE'O (비오)	▶ + ⋮
8 ↓2	매일 크리스마스 (Everyday Christmas)	다비치	▶ + ⋮

자료: 벅스(Bugs)

작 과정에 스태프로 참여하기도 합니다. 이세돌의 탄생에 우왁굳과 함께 팬들도 많은 역할을 했는데요. 이세돌 기획 단계부터 제작까지 팬들이 노래와 안무, 스타일링 등 다양한 영역에서 재능기부를 하며 참여했다고 합니다. 자신들이 직접 만든 가수에 대한 애정을 이세돌이 지지받는 중요한 이유 중 하나일 것입니다.

이세돌 멤버 중 전직 아이돌로 활동했던 릴파는 "실제 아이돌은 보여주는 직업이라 살을 빼고 외모 관리에 대한 압박이 커서, 솔직한 모습을 보여주기 어렵다. 가상 아이돌의 경우 더 가식 없이 팬들에게 다가설 수 있다"라고 언급한 바 있습니다. 메타버스에 익숙한 MZ세대들은 "팬들은 캐릭터 너머의 실제 인물을 궁금해하지 않고 그것을 당연하게 생각한다"라고 말하기도 합니다. 거대자본이 아닌 가상을 활용한 새로운 방식으로 가상 아이돌이 탄생하고 이들과 함께하는 새로운 팬들이 새로운 문화를 만들어 가고 있습니다. 실제 음원 순위에서 1위를 하며 돈도 벌고 있죠.

이세돌이 주목받자 가상을 활용한 새로운 시도들이 이루어지고 있습니다. 카카오엔터는 실제 여성 아이돌 30명이 '가상 아바타'를 만들어 서바이벌에 참여하는 프로그램 '소녀 리버스'를 개최했습니다. 국내에서 활동 중인 실제 여성 아이돌 가수 30명이 자신의 가상 아바타를 만들어 가상세계에서 오디션을 보게 되는데요. 최종 5인이 선발되면 데뷔 멤버가 되고 이들은 데뷔곡을 팬들에게 공개할 수 있는 기회를 얻게 됩니다. 카카오엔터 관계자는 "참여자들이 본인의

자료: 카카오엔터

원래 가수로서의 정체성을 잊고 프로그램에 몰두할 정도로 흥미를 느끼고 있다. 오히려 실제 아이돌 활동 때 보여주지 못했던 모습까지 보여줄 예정이다"라고 언급했습니다.

가상 아이돌의 원조로 불리는 일본은 실제 가수 인기를 가상 아이돌이 따라잡은 지 오래입니다. 대표적인 기업은 홀로라이브 프로

전 세계 유튜브 슈퍼챗 순위(2022년 6월 기준)

순위	채널	슈퍼챗 수입 / 슈퍼챗 개수
1 NEW	壱百満天原サロメ / Hya...	+₩148,333,148 +12,686
2 ∧ 7	Koyori ch. 博衣こより - ...	+₩118,681,561 +8,748
3 ∧ 5	Vox Akuma 【NIJISANJI ...	+₩106,703,182 +7,708
4 ∧ 43	Iroha ch. 風真いろは - h...	+₩105,860,072 +4,959
5 ∧ 1	Chloe ch. 沙花叉クロヱ -...	+₩104,630,287 +3,484

🌐 **슈퍼챗 순위**　　　　2022.06 ⓘ

자료: 플레이보드

덕션과 니지산지라는 가상아바타 서비스하는 애니칼라가 있습니다. 두 기업 소속 아바타 캐릭터는 매우 인기가 높으며 일본에서는 물론 글로벌 시장에서도 인지도가 높습니다. 유튜브 통계 사이트 플레이보드에 따르면 2022년 6월 전 세계 유튜버 슈퍼챗(후원) 순위 1~5위가 전부 일본의 가상 아이돌이었습니다. 이들은 가상 공연뿐만 아니라 굿즈 판매로 막대한 돈을 벌고 있습니다.

니지산지를 서비스하는 기업 애니칼라는 2022년 6월에 일본 주식 시장에 상장해 꾸준히 성장하고 있습니다. 공시에 따르면 애니컬러는 일본 회계연도 기준 1분기(4월~6월) 매출 59억엔(약 571억 원), 영업이익 21억 엔(약 203억 원)으로 전년 동기보다 매출 113%, 영업이익 152%가 증가했습니다. 2022년 10월 시가총액이 3,527억 엔(약 3.4조 원)에 달하며, 이는 국내 최대 기획사 중 하나인 SM엔터테인먼트(1.6조 원)의 약 2배입니다.

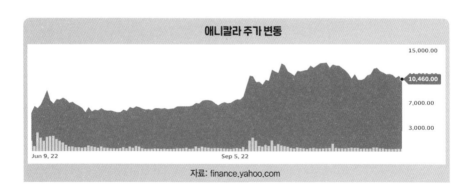

자료: finance.yahoo.com

복스 아쿠마(가운데)와 함께 데뷔한 4인의 가상 유튜버

자료: 니지산지(NIJISANJI)

애니컬러가 운영하는 가상 유튜버 그룹 니지산지에는 일본 143 명, 영어권 26명, 중국 48명 등 총 217명의 아바타가 활동 중입니다. 니지산지에서 가장 인기 있는 유튜버는 2022년 5월 데뷔하여 163 만 구독자를 모은 일본의 '햐쿠만텐바라 살로메'가 있고, 2021년 12 월 데뷔한 후 2022년 상반기 유튜브 슈퍼챗 수익 8억 5,745만 원을 기록해 세계 모든 유튜버 중 1위를 차지한 114만 유튜버 '복스 아 쿠마' 등이 있습니다. 애니컬러의 기업가치가 오르는 중요한 이유 중 하나가 영미권 시장에서의 성과인데요. '복스 아쿠마'는 영국인 가 상 유튜버로 그와 함께 데뷔한 4인의 가상 유튜버는 모두 76만 명 이상의 구독자를 보유하고 있습니다. 또한, 2022년 7월, 이들의 후배 로 영어권 그룹에서 6명의 가사 유튜버가 데뷔한 후 두 달 만에 모 두 24만 명 이상의 구독자를 모았습니다.

기업으로 진화하는 메타버스 크리에이터 ────────●

인터넷 혁명의 시대에 유튜버라는 크리에이터가 등장했고 이들은 엄청난 부를 창출했습니다. 유튜브는 2007년부터 광고 판매 수익을 크리에이터들과 나누기 시작했는데요. 유튜브는 광고 수익의 최대 55%를 크리에이터에게 배분하는데 크리에이터들에게 2020년부터 최근 3년간 총 300억 달러(약 35조 원) 이상을 지급했습니다. 유튜브에서 활동하는 크리에이터는 200만 명에 달합니다.

메타버스 혁명과 함께 메타버스 크리에이터도 주목받고 있습니다. 2022년 기준, 제페토의 누적 가입자 수는 3억 4,000만 명에 달하며 그 안에서 활동하는 크리에이터는 283만 명입니다. 이들은 제페토 스튜디오(STUDIO)를 통해 약 1억 8,400만 개 아이템을 만들어 판매했고, 300억 원 이상 아이템 거래액을 기록 중입니다. 제페토 스튜디오는 누구나 쉽게 제페토에서 아바타가 착용할 수 있는 의상 등 다양한 아이템을 제작하고 판매할 수 있도록 지원하는 도구입니다. 사람들이 워드라는 마이크로소프트의 편집기 작동방식을 배우면 누구나 다양한 문서를 만들 수 있는 것처럼, 제페토 스튜디오를 활용하면 다양한 옷과 신발 등 아이템과 가상공간을 만들 수 있고 이를 스토어에서 판매하며 수익을 창출할 수 있습니다. 크리에이터들이 디지털 재화를 만들면 제페토는 이를 심사하고 이후 판매가 가능해집니다.

제페토 스튜디오(STUDIO)

상상하는 모든 것.
제페토 스튜디오에서.

자료: 제페토(ZEPETO)

　　제페토 크리에이터 렌지는 1인 크리에이터로 수익을 창출하다가 다른 크리에이터들과 함께 렌지드(LENGED)라는 기업을 설립하고 메타버스 창작활동을 본격화합니다. 여러 크리에이터들과 협력하면 더 빠르고 다양하게 디지털 아이템을 만들 수 있고 빠르게 성장할 수 있겠죠. 현재 렌지드에는 국내뿐만 아니라 해외 크리에이터들도 함께 일을 하고 있습니다.

렌지드(LENGED)에서 일하는 국내외 크리에이터들

CREATOR

GLOBAL CREATOR

자료: 렌지드(LENGED)

또한, 크리에이터 혼자서 일하면 할 수 없는 다양한 대형 프로젝트를 수주할 수도 있겠죠. 현재 렌지드는 어도비, GS25 등 다양한 기업 메타버스 공간과 아이템들을 만들며 성장하고 있습니다. 1인 크리에이터에서 이제 기업이 된 렌지드는 투자도 받게 됩니다. 2022년 3월 콘텐츠 기업 플레이리스트는 렌지드(LENGED)에 투자를 하고 4%의 지분을 취득했고 제페토를 운영하는 네이버 제트도 렌지드의 지분 8%를 취득했습니다.

렌지드(LENGED) 협력 사업

자료: 렌지드(LENGED)

크리에이터 ZDE는 2021년 제페토에서 글로벌 매출 1위를 차지한 인기 크리에이터입니다. ZDE는 2020년 7월 활동을 시작해 2년여간 1,800개 아이템을 제작했고, 2022년 5월 기준 아바타 의상 300만 벌을 판매해서 돈을 벌었는데요. 그 중, 동물 파자마 아이템은 큰 인기를 끌며 꾸준히 판매되고 있습니다.

ZDE가 제작한 파자마 아이템

자료: 제페토(ZEPETO)

    ZDE는 제페토 크리에이터를 지원하는 ZGM 매니지먼트를 운영하고 있습니다. ZDE는 매니지먼트 소속 크리에이터에게 매출 증대를 위한 노하우 등 교육을 진행하고 유능한 크리에이터가 더 좋은 아이템을 출시할수록 지원하면서 매니지먼트 자체 수익도 커지는 구조를 만들었습니다. ZGM 매니지먼트에서는 분기마다 1회씩 크리에이터를 모집하는데 처음엔 20~30명에 불과했던 지원자 수는 5기 기준 100명으로 늘었습니다. 모집 정원은 정해지지 않고 잠재력이 있는 사람은 모두 선발하고 있다고 합니다. 이외에도 메타버스 크리에이터를 육성하는 벌스위크 등 다양한 기업들이 사업을 추진하고 있습니다.

로블록스 스튜디오(STUDIO)

자료: 로블록스(Roblox)

제페토뿐만 아니라 로블록스, 이프랜드, 샌드박스, 디센트럴랜드 등 다양한 메타버스 세상에서 스튜디오 기능을 지원하며 크리에이터들이 디지털 자산을 만들어 판매할 수 있도록 지원하고 있습니다. 또한 현재 제작되고 있는 다양한 메타버스도 대부분 디지털 자산 제작 도구를 포함하고 있죠. 이는 앞으로 크리에이터들이 만드는 기업들이 늘어나고 투자도 받으며 성장한다는 의미일 것입니다.

크리에이터들이 사용하는 스튜디오 기능은 무료로 제공되며 아이템이 판매되면 수수료를 내는 구조이기 때문에 고정비가 적습니다. 초기에는 별도의 오프라인 사무실도 운영하지 않고도 사업을 할 수도 있죠. 제페토 크리에이터 렌지는 렌지드 설립 이전에 '매니지먼트

O'라는 회사를 제페토 안에 가상으로 만들고 그곳에서 크리에이터들과 협업했습니다. 가상에서 만나기 때문에 임대료를 내지 않아도 됩니다. 이후에 투자도 받고 사업 규모가 커지니 현재는 오프라인 사무실도 운영하고 있습니다. 앞으로 크리에이터들이 만드는 새로운 기업이 계속 생겨날 것이고, 투자받으며 거래소에 상장도 하겠죠. 투자관점에서 기회를 탐색해 볼 필요가 있습니다.

게임하고 운동하면 돈을 받고, 이자 농사를 짓는 세상!? ——●

메타버스와 웹 3.0이 새로운 사업모델을 만들어 내고 있습니다. 게임, 운동, 음악 등 특정 활동을 하면 돈을 벌 수 있는 세상이 열린 것이죠. 특정 활동을 하면 대가를 받을 수 있는, 'X 하면서 돈 벌기'를 하는 엑스 투 언(X2E, X to Earn) 사업이 지속 등장하고 있습니다.

대표적으로 엑시 인피니티(Axie Infinity) 등 게임을 하면 대가를 받는 플레이 투 언(P2E, Play to Earn)이 있습니다. 엑시 인피니티는 게임 캐릭터를 직접 만들어 플레이하거나 다른 플레이어와의 전투를 통해 얻은 'SLP'라는 재화를 본인 계정과 연동된 전자지갑을 통해 AXS로 교환하고, 이를 현금화할 수 있어 주목받았습니다. 특히 2021년 개발도상국 이용자들이 엑시 인피니티를 이용해 최저 임금보다 높은 수입을 올린다고 알려지면서 사용자가 폭증했죠. 스테픈

스테픈(STEPN)

DOWNLOAD NOW

스테픈 내에서
거래되는 운동화
NFT를 착용한 뒤
'걷+뛰기'하면
채굴되는 코인

자료: stepn.com

(STEPN) 등 운동하면서 돈을 버는 무브 투 언(M2E, Move to Earn)도 있습니다. 스테픈은 이용자가 NFT로 발행된 운동화를 구매해 야외에서 일정 운동량을 달성하면 암호화폐로 대가를 받는 서비스입니다. 신발 레벨과 스테픈 토큰의 시장가치, 걷는 시간을 고려해 보상받게 되는 것이죠. 스테픈의 전 세계 하루 활성 이용자(DAU)는 30만 명 이상입니다.

갈라(GALA)뮤직처럼 음악을 들으면 보상받는 리슨 투 언(L2E, Listen to Earn)도 부상하고 있습니다. 특정 음악을 NFT로 발매해 등록한 뒤 재생에 따른 대가를 NFT 소유자와 청취자 등이 나눠 갖는 방식입니다. 수면 건강 스타트업 슬립퓨처의 슬립투언(S2E, Sleep to Earn) 서비스인 '슬리피'는 수면 품질을 측정한 데이터를 모아 암호화폐를 받을 수 있습니다. 수면의 질이 좋을수록 점수는 높아지고, 보상도 커지는데요. 슬립퓨처는 슬리피를 시작으로 수면용품, 디바이스 판매, 수면 상담까지 관련 사업을 확장할 계획이라고 합니다.

가상화폐를 예치한 대가로 대가를 받는 이자 농사(Yield Farming)에 대한 관심도 높습니다. 높은 수익률을 약속하는 탈중앙화 금융, 디파이(DeFi) 프로젝트들이 많이 생겨나고 있는데요.

은행 이자율을 보고 돈을 예치한 뒤 이자를 받는 것처럼 코인 투자자들은 디파이 프로젝트의 이자율을 보고 코인을 예치하는 방식이죠. 시중에도 많은 은행이 있는 것처럼 디파이 생태계에서도 여러 프로젝트가 있어 투자자들은 자신이 원하는 곳을 선택해 코인을 예치할 수 있습니다. 컴파운드는 이더리움 등 다양한 암호화폐를 담보로 받고, 대출도 해주는 플랫폼으로 확장했습니다. 프로젝트에 따라 수백 퍼센트의 수익률을 제시하는 등 수익률도 천차만별인데요. 테라와 루나 사태가 발생했던 테라폼 랩스가 약속한 수익률은 20%였습니다.

게임하고, 운동하고, 음악을 듣고 돈을 벌고 암호화폐를 예치해놓기만 해도 은행 대비 정말 높은 이자를 받을 수 있다니요! 말만 들어도 멋진 사업모델입니다. 지금의 엑스 투 언이나 디파이 프로젝트 들을 보면 저는 과거 닷컴 열풍이 생각납니다. "광고를 보면 돈을 준다.", "인터넷 국제 전화를 공짜로 쓸 수 있다." 등 그 당시 화려하게 등장했고 이후 사라지거나 다양한 방식으로 변형되어 새로운 혁신 모델을 만들기도 했습니다. 지금의 엑스 투 언(X2E)과 디파이 프로젝트가 모두 문제가 있다는 뜻은 아닙니다. 투자는 본질을 파악하고 사업이 지속가능성을 확인해야 합니다.

예를 들어 플레이 투 언 게임의 주요 사업모델은 NFT와 토큰 거래 수수료인데요. 차이는 있지만 대부분의 플레이 투 언(P2E) 게임은 NFT 거래 수수료는 5%, 토큰 수수료는 0.9%를 받습니다. 인터넷 게임은 완전히 다릅니다. 모바일 게임의 경우 게임사는 매출의 30%를 수수료로 내고 나머지 70%를 수익으로 인식합니다. 플레이 투 언(P2E) 게임의 수익구조를 유지하려면 사용자가 지속 증가하고 NFT 거래가 활발하게 이루어져야겠죠. 중간 거래가 사라진 디파이 금융은 정말 멋진 모델이지만 투명성은 어떻게 담보되는지, 안전장치가 존재하는지 역시 확인해야 하는 중요한 문제입니다.

메타버스와 웹 3.0으로 혁신적인 사업모델이 등장하고 있습니다. 그만큼 사업모델에 위험이 존재하는 구간이기도 합니다. 이러한 시기를 거쳐 사업의 안전장치가 마련되기도 하고 사업이 변형되기도 하는 변화를 겪어나가게 될 것입니다. 멋진 말에 현혹되기보다 본질에 주목하고 옥석을 가리는 투자가 필요한 시기입니다.

농업이 메타버스를?

농업은 전통산업으로 디지털 도입이 늦은 분야로 인식되어 오고 있습니다. 메타버스와 웹 3.0 전환 속도가 산업마다 다르고 산업 내에서도 기업마다 매우 다른 양상을 보입니다. 농업 분야는 상대적으로 타 분야보다 이러한 전환이 늦게 일어나지만, 그 안에서도 새로운 시도는 일어나고 있습니다. 맘테크(MAM TECH)는 메타버스와 웹 3.0을 활용해 농업 분야에 새로운 비즈니스 모델을 만들고 있습니다.

농업 분야에는 정부가 공식 인정한 분야별 명인이 다수 존재하며 이들이 만드는 제품과 서비스는 희소성을 갖게 됩니다. 예를 들면 한우의 명인이라고 하면 명인이 관리하고 만든 한우는 희소성을 갖게 되는 것이죠. 한우를 좋아하는 사람들은 국내외에 존재하고 이들을 한우 명인과 함께 커뮤니티가 운영될 수도 있을 것입니다. 한정판으로 발행된 NFT를 가진 사람이 맘테크에서 발행한 MAM 토큰으로 한우 명인의 한우 구매 기회를 확보하기도 하고 오프라인에서 한우 명인과의 만남, 한우 파티 등 다양한 이벤트가 기획될 수도 있을 것입니다. 명인은 김치, 사과, 나물 등 매우 다양한 분야에서 활동하고 있습니다. 다양한 명인과 명품, 그리고 명소가 어우러져 더욱 희소한 가치를 만들고 이를 NFT 기반의 커뮤니티, 메타버스와 접목

맘테크(MAM TECH)

MAM TECH

The MAM Foundation is a DApp project that collects the value of the agricultural and livestock industries through blockchain DLT and NFT conversion and implements Metaverse Mirror World.

The MAM project aims to contribute to the stable production and supply of agricultural products and the creation of new values in agriculture by fostering and succeeding excellent agricultural technologies through a shared platform in the digital agricultural asset market.

농업 메타버스 맘테크

자료: mamtech.io

하여 국내뿐만 아니라 해외에서도 주목받을 수 있는 프로젝트로 추진한다는 계획입니다. 실제 토리버스(TORIVERSE)라는 메타버스 세상을 시연하며 이 안에서 농업 관련 다양한 경제, 사회, 문화활동이 가능하도록 지원할 전망입니다. 많은 NFT 프로젝트들이 실제 어떤 가치를 주는가에 대한 답을 하지 못하는 경우가 많은데 맘테크의 경우 이러한 한계를 극복하며 실체가 있는 프로젝트라는 측면에서 의미가 있습니다.

이외에도, 농사의 전 과정을 체험할 수 있는 메타버스 농장을 만드는 마블러스 등 농업 분야에서도 새로운 시도가 이어지고 있습니

맘테크 사업모델

농가의 명인×명품×명소의
무한한 조합이 만드는 새로운 농업 메타버스, 토리버스(TORIVERSE)

대한민국 식품 명인   디지털 농업자산 및 기술   국내 최고의 농업 Network
대한민국 기술 명인   조선시대 진상품   대한 황실 문화원
대한민국 강소 농업

국내 최고 최대 농업 Bigdata, Network

명인   명품   명소

NFT   MAM Token

매타버스, 토리버스   맘 쇼핑몰   NFT 마켓플레이스
Metaverse, TORIVERSE   MOM Shopping Mall   NFT Market place

토리버스(TORIVERSE)와 맘 토큰(MAM Token)의 가치

새로운 경험과 소유   투자 및 수익 창출   새로운 네트워크
New Experience   Investment & Cultivate Earn   New Network

자료: mamtech.io

다. 많은 사람이 기대하지 않은 산업군에서 먼저 혁신을 주도하는
다양한 기업들을 살펴보고 그 안에 새로운 기회가 있는지 확인해볼
필요가 있습니다.

투자관점에서
일하는 방식의 변화를 보자

일하는 방식을 바꿨던 이메일(email) ●

이메일(email)이 없다면 일할 때 얼마나 불편할까요? 지금은 일하는데 이메일을 너무 자연스럽게 사용하고 있지만 이메일이 처음 탄생했을 때 거의 사용하는 사람이 없었습니다. 1969년 최초의 인터넷인 알파넷(ARPANET)이 만들어지고 2년 뒤인 1971년에 레이 톰린슨(Ray Tomlinson)에 의해 이메일이 최초로 만들어집니다. 당시에만 해도 미래에 이메일이 우리의 일하는 방식을 지금처럼 바꾸어 놓을 줄 누가 알았을까요.

최초로 이메일이 만들어진 후 25년이 지난 1995년에도 이메일은

최초의 이메일 개발자, 레이 톨린슨(Ray Tomlinson)

자료: CNET

여전히 대중화되지 못했습니다. 1995년에 빌게이츠가 인터넷 혁명이 오고 있으며 사람들은 이메일을 주고받게 될 것이라 말하지만 사람들은 어떤 의미인지 이해하지 못하죠. 이제는 전 세계 사람들이 어마어마한 양의 이메일을 주고받습니다. 개인들은 무료 이메일 계정을 만들어 사용하지만, 기업에 종사하게 되면 기업용 이메일을 사용하고 이는 비용을 수반합니다. 이메일 서버를 구축하여 운영하는 기업이 생기고, 이를 사용하는 기업은 돈을 내고 사용하죠. 누구보다 먼저 이메일 서버를 운영하고 이를 사업화했다면 정말 큰돈을 벌고 그러한 기업에 투자했다면 높은 수익률을 달성했을 것입니다. 일하는 방식의 변화를 주도하는 기업은 매력적인 투자 대상입니다. IT 기업 시놀로지(Synology)에 따르면 100명의 임직원이 3년간 사용할 시스템이 필요하다고 가정하면 MS 익스체인지(Microsoft Exchange) 서버는 대략 3,000만 원 중반의 비용이 소요되고 구글 워크스페이스(Google Workspace)의 경우도 3년 기준으로 동일 조건에서 2,000만 원 상당의 비용이 소요된다고 합니다. 이처럼 기업용 이메일을 사용하면 비용이 소요되고 제공기업은 매출이 발생하고 수익도 창출됩니다.

2021년 12월, 빌게이츠는 "앞으로 3년 이내에 대부분 회의는 메

메타버스에서 일하는 세상을 언급한 빌게이츠

News

Bill Gates: Most Work Meetings Will Happen In The Metaverse In 3 Years

December 11, 2021 · by Kyle Melnick

자료: VRSCOUT

타버스에서 이루어지게 될 것이다"라고 언급했습니다. "메타버스에서 회의 한다고?" "메타버스에서 일하게 된다고?" 빌게이츠의 말에 많은 분이 이렇게 생각하실 겁니다. 메타버스라는 말이 유행처럼 퍼지고 있지만 대중들의 인식 속에 메타버스는 "게임 아닌가?" "제페토 아닌가?"라고 말씀하시는 분들이 많습니다. 인터넷 혁명을 예견하고, 마이크로소프트를 세계적인 기업으로 성장시킨 빌게이츠는 왜 이런 말을 했는지 우리는 투자관점에서 관심을 가질 필요가 있습니다. 메타버스 시대, 일하는 방식을 혁신적으로 바꾸는 기업은 매력적인 투자 대상이니까요.

메타버스 오피스 경쟁의 서막 ─────────●

메타버스 시대가 열리면서 일하는 방식이 변화하고 있습니다. 메타버스에서 시공간의 제약을 극복하며 유연하게 근무할 수 있는 여건이 조성되면서 메타버스가 일하는 공간으로 주목받고 있는데요. 많은 기업이 메타버스 오피스를 만들거나 활용하며 일하는 방식의 변화를 주도하고 있습니다.

인터넷 부동산 기업 직방 직원 350명은 2021년 2월부터 모두 메타버스로 출퇴근하고 있습니다. 이전에는 강남역에 있는 오프라인 빌딩을 임대하여 일했는데 이제는 자체 개발한 가상오피스 '소마

(Soma)'에서 일하고 있습니다. 직원들은 PC로 아바타를 설정하고 소마(Soma)에 로그인하여 업무를 수행합니다. 가능한 현실과 유사한 공존감을 느낄 수 있도록 가상건물 로비도 있고 엘리베이터를 타고 업무 층에 내리면 회사 동료들을 아바타로 만날 수 있습니다. 아바타 가까이 가면 동료의 얼굴이 보이면서 이야기할 수 있고 멀어지면 얼굴이 사라지고 소리도 멀어지죠.

직방의 직원들은 출퇴근 시간이 줄어들고, 어느 곳에서 든 근무할 수 있습니다. "지옥철에서의 출퇴근 2~3시간이 감소했어요", "제주도에서 한 달 살기 하며 근무할 수 있어 좋아요", "코로나가 끝나면 해외에서 지내며 근무해 보고 싶어요" 등 다양한 측면에서 메타버스 근무에 만족하고 있습니다. 채용 면접도 메타버스에서 진행되며 합격하면 메타버스 로그인에 필요한 장비를 주소지로 보내주고 로그인하면 출근이 시작되죠. 공간의 제약이 없어짐에 따라 글로벌 인재 채용도 가능합니다. 직방은 과거 매월 내던 수천만 원의 임대료도 이제는 더 이상 내지 않아도 됩니다. 2022년 기준 직방의 메타버스 사무실에는 직방과 아워홈, AIF 등 20개 기업이 입주해 있으며 매일 2천여 명이 출근하고 있습니다. 메타버스 사무실은 입주사의 수요에 맞춰 사무공간, 회의실 등을 맞춤형으로 제작할 수 있으며 각 사무실엔 허가받은 직원 외엔 출입이 불가합니다. 임대료를 내던 기업이 이제는 메타버스에서 임대료를 받고 있습니다.

2022년 직방은 글로벌 가상오피스 미국 법인 '소마 디벨롭먼트 컴

직방의 메타버스 업무공간 소마(Soma)

자료 : 컴퍼니스마켓캡(companiesmarketcap)

퍼니(Soma Development Co.)'를 설립했습니다. 자신들이 사용하던 메타버스 일터를 전 세계에 알리고 본격적으로 사업을 시작하기로 한 것이죠. 직방은 소마를 전 세계 기업들이 자리한 메타버스 업무지구로 확장하겠다는 포부를 밝혔습니다. 소마는 12개 언어를 지원하며 회원가입만 하면 공용공간인 더 허브 라운지와 프롭테크 타워 1층 로비, 건물 외경 등을 둘러볼 수 있습니다.

LG유플러스도 메타버스 업무공간인 'U+가상오피스'를 선보였습니다. 'U+가상오피스' 회의 중 구성원의 목소리를 인식해 누가 어떤

LG유플러스의 가상오피스

자료: LG유플러스

내용을 말했는지 작성해 주는 인공지능 회의록 기능도 있는데 인공
지능 회의록은 목소리를 텍스트로 변환하는 STT(Speech to Text) 기
능을 사용합니다. 또한, 회의 중 참여한 사람의 음성을 인식해서 누
가 어떤 내용을 말했는지 알 수 있습니다. 이외에도 포스트잇을 기
반 메모, 동시 첨삭이 가능한 협업 도구, 다양한 감정 표현과 제스처
로 현실감을 높인 '아바타와 대화하기'등 다양한 업무 기능이 포함
되어 있습니다.

게임 기업 컴투스는 가상세계 컴투버스와 2,500명의 직원이 일할
공간 오피스 월드를 공개했습니다. 컴투버스는 현실 속 다양한 서비
스를 가상세계로 옮겨온 메타버스 세상으로 가상 오피스 공간 '오피

컴투버스와 오피스월드

자료: 컴투버스(Com2Verse)

스 월드', 쇼핑·의료·금융 등을 이용하는 '커머셜 월드', 게임·음악·영화·공연으로 여가를 즐기는 '테마파크 월드', 이용자 소통과 공유의 장이 되는 '커뮤니티 월드'로 조성됩니다.

컴투버스 내 가상 토지는 모든 이용자에게 개방된 퍼블릭(Public)

디지털 부의 미래

영역과 분양받은 대지와 건물 공간인 프라이빗(Private) 영역으로 구분되어 있는데요. 퍼블릭 영역은 누구나 돌아다닐 수 있는 공간으로, 컴투스가 모두 관리합니다. 이곳에선 개인이 라이브 방송하거나, 대화를 하는 등 사람들의 교류를 위한 커뮤니티 공간으로 만들어집니다. 반면 프라이빗 영역은 실제 사유지처럼 독자적인 서버를 사용하며 컴투스의 개입 없이 독립적으로 운영됩니다. 예컨대 건물 일부 층은 사무실을 모아놓고, 6층은 아무나 접근하지 못하는 보안 사무실로 만드는 것도 가능합니다. 컴투스는 협력사뿐만 아니라 외부 기업도 컴투버스 내에 메타버스 오피스를 꾸릴 수 있도록 할 계획입니다. 컴투스는 컴투버스를 시연하며, 일하게 될 모습도 공개했는데요. 컴투버스로 출근한 신입사원의 하루를 따라가며, 실제 직장 생활이 이루어지는 일하는 모습과 업무환경을 보여주었습니다. 출퇴근, 스케줄 관리, 규모별 회의, 프레젠테이션 등 기본 근무 지원은 물론, 근거리 화상 대화 기능 등으로 물리적 거리에 구애받지 않는 메타버스 업무환경을 구성하였습니다. 컴투스는 직원들의 일하는 공간과 함께 타 기업과의 협력도 강화하고 있습니다. 컴투스 그룹과 하나금융그룹은 메타버스 공간에 하나금융 서비스를 접목하기 위해 관련 기술 및 콘텐츠 개발을 공동 추진하고 있는데요. 컴투스 메타버스 플랫폼인 '컴투버스(Com2Verse)'에 하나금융그룹 임직원 업무공간인 가상 오피스를 구축하고, 메타버스 시대에 적합한 새로운 핀테크를 선보일 예정입니다.

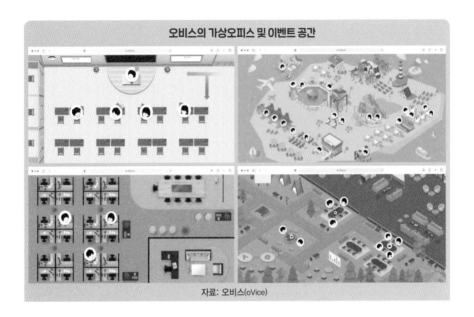

오비스의 가상오피스 및 이벤트 공간

자료: 오비스(oVice)

오비스(oVice)도 가상오피스 서비스를 제공하고 있습니다. 오비스의 메타버스 플랫폼은 별도 코딩 없이 사무실, 행사장 등 사용자가 원하는 디자인으로 공간을 구축할 수 있고 음성·문자·화상 미팅, 화면·문서 공유 등 협업 기능을 제공합니다. 오비스는 이를 기반으로 2020년 8월 플랫폼 출시 이후 2,200개 회원사를 모았고 누적 가상공간 발급 수는 3만 건으로, 오비스를 업무에 이용하는 이용자는 6만 명이나 됩니다. 오비스는 2022년 8월에 440억 원 규모의 시리즈B 투자를 유치했습니다. 투자유치를 통해 가상오피스를 고도화하고 본격적으로 해외시장을 확대할 계획인데요. 특히 미국을 중심으로 고객 접점을 확대하겠다고 밝혔습니다.

이엑스피 리얼티(eXp Realty) 직원들이 일하는 이엑스피 월드(eXp World)

자료: 이엑스피리얼티(eXp Realty)

글로벌 부동산 기업 이엑스피 리얼티(eXp Realty)는 모든 직원이 가상 오피스 이엑스피 월드(eXp World)에서 일하고 있습니다. 이엑스피 리얼티는 2009년에 설립되었으며, 매출은 지속 성장 중이고 2018년에 나스닥에 상장하였는데요. 전 세계에서 함께 일하는 이엑스피 리얼티 소속 부동산 에이전트(Agent) 수는 20개국 이상, 75,000명이며 메타버스 이엑스피 월드에서 함께 업무를 하고 있습니다. 직원들은 이엑스피 월드 소프트웨어를 다운로드 받아 PC로 접속해서 일하고 고객들도 만나며, 메타버스 사무실에서 아바타로 모여서 회의하고, 캠퍼스를 걷거나 자유공간에서 휴식을 취하기도 합니다. 현실처럼 안내해주는 창구도 마련되어 있어 궁금한 사항을 언제든 물어볼 수도 있죠. 이엑스피 리얼티는 2022년 글래스도어(Glassdoor)에서 발표

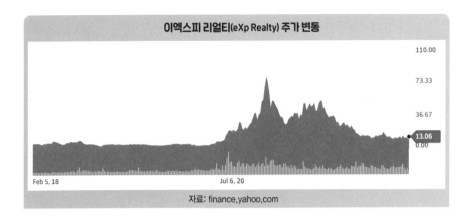

이액스피 리얼티(eXp Realty) 주가 변동

자료: finance.yahoo.com

한 가장 일하기 좋은 100대 기업에서 4위를 차지하며 7위 구글보다 높은 평가를 받았습니다.

코로나 이전부터 모든 직원이 메타버스 근무에서 했던 이액스피 리얼티는 코로나 기간에도 상대적으로 양호한 실적을 보이며 위기를 잘 극복했습니다. 2022년 들어서는 인플레이션, 부동산 침체 등 다양한 경제환경의 영향을 받아 주가가 많이 하락한 상황입니다.

메타(Meta)는 호라이즌 워크룸스(Horizon Workrooms)라는 일하는 공간을 마련하여 일할 수 있도록 지원하고 있습니다. 가상현실 HMD(Head Mount Display)로 접속하여 가상공간에서 일을 할 수 있으며, 웹 XR 방식을 통해 PC나 노트북으로도 접속할 수 있도록 한다는 계획입니다.

마이크로소프트도 메쉬 포 팀즈(Mesh for Teams)라는 가상오피스

호라이즌 워크룸스(Horizon Workrooms)

자료: 메타(Meta)

를 준비하고 있습니다. 메쉬 포 팀즈는 한국 사람의 말을 영어로 번역까지 해주는 기능이 있어 언어의 장벽을 해소하면서 일할 수 있을 전망입니다.

메쉬 포 팀즈(Mesh for Teams)

자료: MS

메타(Meta)와 MS의 협력

자료: 메타(Meta)

최근 더욱 주목할 만한 사항은 메타가 메타퀘스트 프로(Pro)라는 새로운 가상현실 HMD(Head Mount Display) 기기를 출시하며 MS와의 협력방안을 발표했다는 것입니다. 메타의 가상현실 세계 호라이즌 안에서도 MS의 메쉬 포 팀즈(Mesh for Teams)와 MS 365(Microsoft

디지털 부의 미래

365)를 사용할 수 있도록 지원하며 호환성을 높인 것입니다. 메타와 MS는 오래전부터 메타버스 시대를 준비해오며 관련 기기와 소프트웨어 측면에서 투자해온 경쟁기업이기도 합니다. 이 두 기업이 지금은 경쟁보다 협력에 무게 중심을 두고 있다고 볼 수 있습니다. 메타버스 생태계를 활성화하여 새로운 시장을 만들려는 노력의 일환이겠지요.

워케이션과 거점근무, 영구재택 근무의 확산으로 메타버스 근무 시간은 더욱 늘어나고 이를 위해 일하는 메타버스 공간의 가치도 커질 것으로 전망됩니다. 워케이션이란 일(Work)과 휴가(Vacation)의 합성어로 오랜 기간 휴가지에 머무르며 일하는 형태입니다. 전 세계

자료: 월스트리트 저널

7만 명이 일하는 글로벌 소프트웨어 기업 세일즈 포스는 2022년 초에 직원들이 워케이션 할 수 있는 공간으로 목장을 선택했습니다. 향후 목장을 매입할 계획이라고 하는데요. 직원들은 목장에서 낮에 열심히 일하고, 일과를 마치고 나면 휴식을 취하며 지내는 거죠.

SK텔레콤은 기존 사무실이 갖는 공간 제약을 극복하고 구성원의 업무 효율과 행복감을 높이기 위해 2022년 4월 서울 신도림, 일산, 분당 등 3곳에 거점오피스 '스피어(Sphere)'를 운영하기 시작했습니다. 기존에는 모든 직원이 을지로 본사로 출근했지만 이제는 집에서 가까운 거점 오피스로 출근하면 출퇴근 시간을 줄일 수 있죠. 팀원들이 모두 다른 거점오피스에서 근무할 수도 있을 텐데요. 업무는 가상에서 만나서 해야겠죠.

2022년 7월에는 워커힐 호텔도 거점오피스로 추가되어 운영되고 있는데요. 거점오피스 내 좌석 중 사용 중인 좌석의 비율은 평균 약 75% 정도로 구성원들이 꾸준히 거점오피스에서 업무를 수행하고 있습니다. 특히 재방문율이 73.7%에 달할 정도로 만족도가 높아 거점 오피스가 새로운 근무 방식으로 안착하고 있습니다. SK텔레콤은 '스피어(Sphere)'를 6개월간 운영한 결과, 변화한 업무 방식이 구성원의 업무 효율과 행복감을 높인 것으로 나타났는데요. 스피어 이용 경험이 있는 구성원 중 과반수가 전반적인 업무 생산성 향상에 긍정적인 영향을 주고 있다고 말했으며 구성원의 출퇴근 시간은 하루 평

SK텔레콤의 거점오피스

스피어 신도림

스피어 일산

스피어 신도림

스피어 워커힐

자료: SK텔레콤

균 49분 감소한 것으로 나타났습니다. 구성원 한 명이 거점오피스로 매일 출근하는 경우, 1년간 단축하는 출퇴근 시간은 213시간으로 한 달 전체 근로시간과 맞먹습니다.

자료: 삼성전자

2022년 10월 삼성전자도 거점 오피스 딜라이트(d'light)를 공식 운영한다고 밝혔습니다. 딜라이트는 도서관형, 카페형의 개방형 좌석, 1인 독서실 형태의 몰입 좌석, 높낮이 조절 책상이 있는 좌석을 비롯해 회의실, 전화부스 등 다양한 형태의 근무 공간으로 구성되어

각기 다른 직군의 임직원들도 업무 상황과 필요에 따라 이용할 수 있습니다.

일본의 통신기업 NTT는 3만 명의 직원에게 영구 재택근무를 허용했습니다. 재택근무를 기본으로 하고, 회사에 나오는 일이 생기면 출장비를 지급한다고 하니 코로나 이전과 일하는 방식이 얼마나 빨리 변하고 있는지 알 수 있습니다.

자료: www.japantimes.co.jp (재팬타임스)

가상 대항해 시대, DAO에서 N잡으로 일하기 ─────●

17세기에 대항의 시대가 시작됩니다. 대항해 시대는 유럽인들이 지중해를 떠나 대서양, 인도양과 태평양에 진출하면서 광활한 통상 항로를 개척한 시대입니다. 유럽 각국은 항로를 개척하여 무역을 독점하려고 치열한 경쟁을 벌이고 있었고 특히 네덜란드는 후추 등 향신료와 다양한 제품을 수입해서 다른 나라에 비싸게 팔아서 돈을 벌었습니다. 하지만 배를 타고 항로를 개척하며 무역을 하는 것은 위험한 일이죠. 배를 만들고, 사람을 고용하고, 태풍이나 질병을 만나기도 하며, 해적에게 약탈당하는 일도 생깁니다.

성공하면 큰돈을 벌지만 막대한 비용이 들고 실패의 위험 역시 존재합니다. 막대한 자금을 다양한 사람에게 조달하고 수익을 배분하며 운영하는 새로운 방식이 탄생했는데 이게 바로 주식회사입니다. 1602년에 네덜란드에서 최초의 주식회사인 동인도 회사가 설립되는데요. 투자자들에게 돈을 받고 종이 증서로 된 주식을 나눠준 뒤에 배가 돌아오면 투자한 금액만큼 이윤을 나눠 갖기로 한 것입니다. 네덜란드 동인도 회사는 정관 10조에 "이 나라에 사는 사람들은 누구나 이 회사의 주식을 살 수 있다"는 내용을 넣었고 위험을 감수하며 투자에 1,143명이 주주로 참여합니다. 이후 향신료 시장을 장악한 네덜란드는 스페인과 포르투갈을 제치고 유럽 최고의 부국으로 떠오르고, 주식을 사고파는 사람이 많아지자 네덜란드에는 세계 최초의 주식시장

암스테르담의 동인도 회사 조선소

자료: 위키피디아

인 암스테르담 증권거래소도 생겨나죠.

현재 수많은 직장인이 매일 출퇴근하는 주식회사는 동인도 설립 이후 크게 변화되지 않았습니다. 물론 상법이라는 체계가 형성되고 운영되며 다양한 제도가 생겨나지만, 구조적 변화라고 보기는 어렵습니다. 하지만 이제 새로운 가상 대항해 시대가 열리고 있습니다. 메타버스와 웹 3.0 세상에서 분산형 자율조직, DAO를 만들어 기존과는 다르게 일하는 방안들이 생겨나고 있습니다. DAO는 공동 목표를 갖고 자금을 조달해 조직을 만들고 경제 활동한다는 측면에서 협동조합과 유사한 면이 있지만 스마트 계약 형태로 조직이 운영되고 존재한다는 점에서 차이가 있습니다.

시티다오(CityDAO)

We're building a web3 city of the future.

현실의 부동산 시장을 토큰화한 플랫폼 시티다오

미국 와이오밍 주는 2021년 7월 세계 최초로 DAO의 등록을 허용하는 법안을 마련했는데요. DAO를 법인으로 인정한 것입니다. DAO는 조직원이 익명으로 활동하는 것이 특징이지만, 와이오밍 주에서 다오를 등록하기 위해선 이름이 공개된 대리인을 공개적으로 선임해야 합니다. 이 법으로 'The American Cryptofed DAO'가 실제로 처음으로 법인격을 인정받았습니다.

파이낸셜타임스는 시티DAO(CityDAO)라고 불리는 도시 건설 프로젝트를 조명했는데요. 시티DAO는 2021년 미국 와이오밍주에서 시작된 도시 건설 프로젝트입니다. 이 프로젝트에는 공식적인 리더, 즉 시장(市長)이 없습니다. 구성원들이 서로 온라인으로 이야기하는 디스코드(Discord)를 통해 조직되고 모든 중요한 안건은 투표를 통해

오픈씨(OpenSea)에서 거래되는 시티DAO NFT

자료: opensea.io

결정된다. 이 프로젝트는 5,000명의 참가자가 4개월 동안 활동하며 40에이커(16만 1874㎡)의 땅을 구매하는 데 성공했습니다.

　시티DAO는 실물 토지에 기반한 NFT를 발행하고 이를 거래함으로써 NFT를 보유한 사람들이 토지의 개발과 관리, 사용에 대한 권한을 주는 프로젝트입니다. 시티DAO의 Citizen NFT를 보유한 사람들은 홈페이지를 통해서 Parcel 보상을 얻을 수 있습니다.

　프로젝트를 진행하기 위해서는 많은 사람의 참여와 역할이 필요하겠지요. 시티다오(CityDAO)는 커뮤니티 운영, 법적 문제 해결, 도시 디자인, 도시 개발, 교육 등 해결해야 할 다양한 문제와 역할을 구분하고 참여자들과 함께 문제를 해결하며 진행하고 있습니다. 기여도

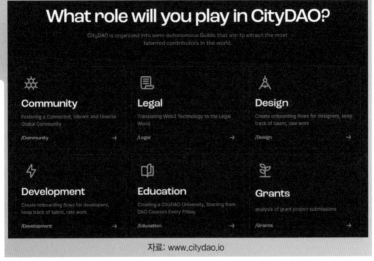

시티다오(CityDAO) 구현을 위한 세부 역할

자료: www.citydao.io

에 따라 보상도 받게 됩니다.

 패션 기업 메타 팩토리는 DAO를 운영하며 어떤 제품을 새로 출시할지 참여자가 투표하고 가장 많은 득표를 받은 제품이 신제품으로 선정되어 판매됩니다. 수직적인 직급체계는 존재하지 않고 수평적으로 일하며 커뮤니티 기여도에 따라 보상받고, 커뮤니티의 운영에 투표로 참여하게 되죠. 메타 팩토리가 발행한 코인을 사면 DAO의 구성원이 되어 참여할 수 있습니다.

 골프장을 인수하고 사업하는 링크DAO(LinksDAO)도 있습니다. 골프장 매입 자금 마련을 위해 NFT 판매하여 운영자금 1,050만 달러

메타 팩토리(Meta Factory)

메타 팩토리

자료: www.metafactory.ai

(약 126억 원)를 모았는데요. 링크DAO는 NFT 투자자들에게 골프장 멤버십을 구매할 수 있는 권리, 골프장 이용료 할인, 회원 전용 커뮤니티에 대한 접근권 등의 특전을 제공한다는 계획입니다. 2022년 5월

링크DAO

링크DAO

자료: linksdao.io

미국 골프용품 및 의류 제조사 캘러웨이 골프(Callaway Golf)도 이 프로젝트에 참여했습니다.

2022년 웹 3.0 기업인 체인파트너스는 DAO를 운영하며 일하는 방식의 변화를 시도하고 있습니다. 체인파트너스 DAO에 고용되면 한 회사에 독점적으로 소속되지 않으면서 자기가 원할 때 원하는 서비스를 회사에 제공하는 형태로 일하게 되는 것입니다. 체인파트너스는 DAO 구성원에게 체인파트너스만을 위해 일해야 한다고 강요하지 않습니다. 면접도 보고 선발 과정도 있지만 회사에 출근하지 않고, 항상 정해진 일도 하지 않습니다. 개발이나 디자인, 마케팅, 영상 제작 등 특정 분야에 대한 전문성을 회사에 설명하고, DAO 구성원이 되면 그때그때 회사와 협의해 필요한 일을 추진하고 결과를 제시하면 보상받는 방식으로 진행됩니다. 항상 고정적인 업무가 있지 않고 회사가 특정 분야의 일이 필요할 때 DAO 구성원과 매칭되면 업무가 시작되고 반대로 DAO 구성원이 회사에 필요해 보이는 일을 제안할 수도 있습니다. 미래에는 여러 DAO의 구성원으로 N잡을 하며 경제 활동을 하는 일도 가능해질 것 같습니다.

일하는 방식의 변화가 투자자에게 주는 의미 ————————•

이메일(Email)이 인터넷 혁명의 시대에 일하는 방식을 바꾸고 이 서비스를 제공했던 기업은 돈을 벌었습니다. 업무에 활용되는 서비스로 일단 가입하면 특이한 상황이 발생하기 전까지 구독제로 지속 사용하게 됩니다. 고정적인 수익을 창출하는 중요한 기반이 될 수 있다는 의미죠. 메타버스 오피스도 마찬가지입니다. 메타버스 오피스 사용으로 필요성이 검증되면 이후에는 지속해서 사용하게 되죠. MS 는 이미 전 세계 수많은 기업과 대학에 워드, 파워포인트, 엑셀 등 사무용 소프트웨어를 제공하고 있습니다. 이 서비스에 메쉬 포 팀즈를 자연스럽게 사용할 수 있도록 할 것이며 이는 향후 매출 증대의 요인이 될 수 있습니다.

메타버스 오피스의 진화와 경쟁 구도의 변화도 유심히 지켜봐야 할 요소입니다. 메타버스에서 만나 회의하고 세미나 하는 기본 기능을 넘어서 인공지능 등 다양한 기술이 융합되어 언어의 제약이 극복되고 사람이 매번 작성하던 회의록을 자동으로 작성해 주는 등 세부 적용 측면에서 빠르게 진화하고 있습니다. 메타버스 오피스 서비스에서도 경쟁력에 차이가 생길 것이며 이는 곧 성과와도 직결되는 요소입니다. 메타와 MS와 같은 대형 기업들이 연합구도를 형성하며 시장을 선점해 나가면서 생기는 시장 점유율의 변화도 유심히 관찰해야 하겠습니다.

메타버스 오피스의 생산성에 대해서도 차분히 고려해볼 필요가 있습니다. 메타버스 오피스를 도입했다고 해서 바로 생산성이 나기 어려운 산업군이 있고, 기업도 존재할 것입니다. 일하는 방식이 급격히 바뀌면서 이를 받아들이는 조직의 저항도 기업과 산업에 따라 다르게 나타나기 때문이죠. 업무의 특성상 모든 직원이 메타버스에서 일하는 것 자체가 불가능한 사업도 존재합니다.

DAO에서 일하는 방식도 기회와 함께 위험요인도 고려해야 합니다. DAO에서 추진하는 사업에서 참여자는 어느 정도 책임지는가를 반드시 확인해야 합니다. 주식회사의 경우 투자자는 투자한 만큼만 책임을 지는 유한책임회사의 특성이 가지고 있습니다. 여러분이 A라는 기업에 1,000만 원을 투자했고, 이 회사가 상장폐지가 되었다면 여러분은 1,000만 원에 대한 손해를 감내하면 됩니다. 하지만 현재 대부분의 DAO는 법인으로 등록되어 있지 않은 상황입니다. 또한, DAO의 의사결정이 참여자들의 투표로 이루어지는데 소수의 사람이 많은 토큰을 보유하면 결국 운영은 소수에 의해 좌우될 수 있겠지요.

이제 많은 사람이 가상에서 일하는 시간이 늘어나고 업무를 수행하는 방식도 변화할 전망입니다. 새로운 투자 시각으로 이 변화를 보고 기회와 위험을 함께 고려하시면 좋겠습니다.

08

글로벌 메타버스 기업의
움직임을 주시하자

메타버스 시대, 메타는 어디로 ─────────●

메타버스 시대에 메타(Meta)의 하락이 심상치가 않습니다. 2021년

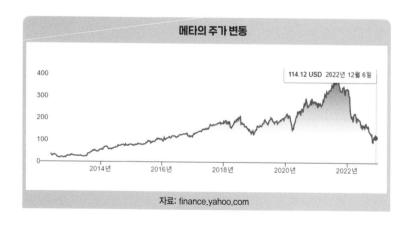

메타의 주가 변동

114.12 USD 2022년 12월 6일

자료: finance.yahoo.com

하반기 메타로 사명을 바꾼 후에 기업가치가 급속히 하락하고 있는 데요. 메타의 위험과 기회를 함께 보고 미래를 준비해 보도록 하죠.

메타(Meta)의 과거 성장궤적과 현재 당면한 과제가 무엇인지 한번 살펴보겠습니다. 2004년 설립된 메타는 2012년 상장 이후, 이익이 증가하기 시작했습니다. 가입자가 모이고, 광고 매출이 본격화되기까지 시간이 걸리며, 이후에 매출과 순이익이 본격화되는 플랫폼 기업의 전형적인 패턴입니다. 2021년 4Q 실적에서 페이스북의 일간 활성 사용자 수(DAU, Daily Active Users)는 창사 이래 감소 후 2022년 3분기 소폭 증가하고 있습니다.

틱톡, 로블록스 등 동종 및 이종 경쟁자들이 메타의 사용 시간을 빼앗아 가고 있죠. 로블록스 하루 평균 이용 시간은 약 2시간이 넘으며 틱톡 58분 유튜브 54분, 페이스북 21분으로 차이가 존재합니다. 애플의 프라이버시 정책으로 메타는 사용자의 데이터를 제대로 활용하기 어렵게 되었습니다. 이에 2022년 광고 매출은 100억 달러 감소 전망이며 광고주들은 광고효과가 낮아진 페이스북 대신에 애플과 구글에 눈을 돌리고 있습니다. 애플의 앱스토어 기반 검색 광고 이용률은 1년 전인 17%보다 3배 이상 늘어난 58%로 추정되고 있습니다. 메타가 애플의 iOS와 같은 운영체제(OS, Operating system)를 가지고 있다면 이러한 문제는 생기지 않았을 텐데요. 2022년 초, 메타가 메타버스 기기에 탑재를 준비 중이던 XR 운영체제(OS) 개발을 중단하고 관련 조직을 해체했다고 보도된 바 있습니다. 향후, 메

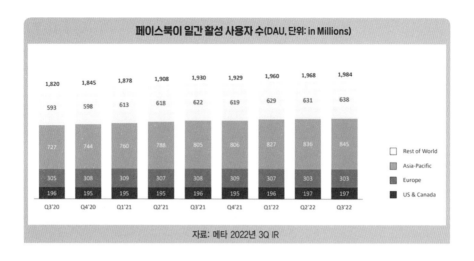

페이스북이 일간 활성 사용자 수(DAU, 단위: in Millions)

자료: 메타 2022년 3Q IR

타버스 시대에도 메타의 기기와 서비스에 적용될 자체 운영체제(OS)를 갖지 못하면 미래의 광고에서도 현재와 유사한 문제가 생길 가능성도 존재합니다. 메타는 유럽연합에서도 맞춤형 광고 사업을 하는데 난항이 예상됩니다. 페이스북과 인스타그램을 운영 중인 메타는 향후 유럽연합(EU)에서 맞춤형 광고를 금지당할 수도 있을 전망인데요. 2022년 12월 월스트리트저널은 유럽 데이터 보호 이사회(EDPB)가 메타가 맞춤형 광고 제공을 위해 사용자에게 개인정보 사용 동의를 받는 행위를 금지한다는 결정을 내렸다고 보도했습니다. 이번 결정은 아일랜드 데이터 보호 위원회(DPC)를 통해 시행될 예정인데요. 아일랜드는 메타의 EU 본사가 있는 곳입니다. 메타가 향후 EU와 아일랜드 데이터 보호 위원회(DPC)에 이의를 제기할 수도 있어 아직 맞춤형 광고가 금지된 것은 아니지만 계속해서 사용자 정

메타의 분기별 광고 수익(단위, in Millions)

자료: 메타 2022년 3Q IR

보를 활용한 맞춤형 광고 사업은 도전받고 있습니다. 메타에게 개인 맞춤 광고 사업은 매우 중요합니다. 2022년 3분기 기준 전체 매출의 98.2%가 이 사업에서 발생하기 때문이죠. 단일 사업의존도가 매우 높아 이 사업이 계속 흔들리면 실적 악화를 벗어나기 어렵습니다. 메타의 2022년 3분기 광고 매출은 약 272억 달러로 2021년 동기 대비 4% 감소했습니다. 광고를 위한 데이터 사용은 힘들어지고, 단일 사업의존도는 높으며 인플레이션, 금리 인상 등 거시경제 환경도 좋지 않아서 기업들도 광고를 줄이고 있는 등 여러 악재가 겹친 상황입니다.

메타의 메타버스 사업을 총괄하는 리얼리티 랩스 부문의 손실도 커졌습니다. 리얼리티 랩스 의 2022년 3분기 매출은 2.8억 달러로

디지털 부의 미래

전년 동기보다 약 49% 감소했고, 36.7억 달러의 영업손실을 기록했습니다. 리얼리티 랩스는 2022년까지 약 90억 달러(약 12.8조 원) 이상의 손실이 발생했는데요. 메타버스 관련 매출은 줄고 비용은 늘어나는 형세입니다. 메타는 2023년도 리얼리티 랩스의 영업 손실이 늘어날 것이라 언급했는데요. 마크 저커버그 메타 CEO는 메타가 단기적으로 매출에 어려움을 겪고 있지만, 신사업에 대한 투자로 더 많은 매출이 발생할 것이라 언급했습니다. 메타버스 신사업에서의 매출 감소는 유심히 지켜볼 필요가 있습니다. 메타버스 사업이 매출에서 차지하는 비중이 현재는 작더라도 성장세를 보여야 하는데 증가 후 감소하고 있습니다. 2021년 2분기 3억 달러 수준에서 2021년 4분기 약 8.8억 달러로 매출이 증가하다가 2022년 3분기 2.8억 달

메타 사업 부문별 성과(단위, in Millions)

	Q4'20	Q1'21	Q2'21	Q3'21	Q4'21	Q1'22	Q2'22	Q3'22
Advertising	$ 27,187	$ 25,439	$ 28,580	$ 28,276	$ 32,639	$ 26,998	$ 28,152	$ 27,237
Other	168	198	192	176	155	215	218	192
Family of Apps Revenue	27,355	25,637	28,772	28,452	32,794	27,213	28,370	27,429
Reality Labs Revenue	717	534	305	558	877	695	452	285
Total Revenue	$ 28,072	$ 26,171	$ 29,077	$ 29,010	$ 33,671	$ 27,908	$ 28,822	$ 27,714
Family of Apps Operating Income	$ 14,874	$ 13,205	$ 14,799	$ 13,054	$ 15,889	$ 11,484	$ 11,164	$ 9,336
Reality Labs Operating (Loss)	(2,099)	(1,827)	(2,432)	(2,631)	(3,304)	(2,960)	(2,806)	(3,672)
Total Income from Operations	$ 12,775	$ 11,378	$ 12,367	$ 10,423	$ 12,585	$ 8,524	$ 8,358	$ 5,664
Operating Margin	46%	43%	43%	36%	37%	31%	29%	20%

자료: 메타 2022년 3Q IR

러로 감소했죠. 2021년은 메타퀘스트2 판매량이 급증하였으나 이후 전반적인 실적 악화로 메타의 영업이익률도 2020년 4분기 46%에서 계속 감소하며 2022년 3분기에는 20% 수준으로 감소하였습니다. 메타의 기기와 서비스가 선순환하며 본격적인 실적으로 이어지는 시점을 확인하는 구간이 필요하다고 할 수 있습니다.

순이익은 52% 줄어든 44억 달러로 집계되었고, 2022년 3분기 기준, 최근 4분기 연속 하락하고 있는데요. 이는 10년 만에 처음 있는 현상입니다.

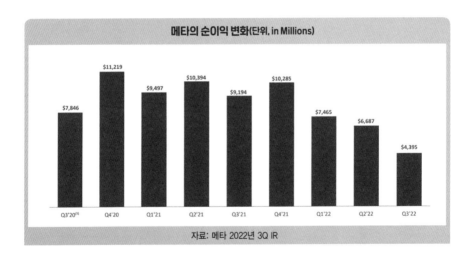

메타는 2022년 10월 새로운 가상현실 기기 메타퀘스트 프로(Pro)를 공개했습니다. 메타퀘스트 프로는 헤드셋 내부 카메라가 이

메타퀘스트 프로(Pro)

자료: 메타(Meta)

용자 시선과 얼굴의 표정 등을 추적하는 기술을 탑재했는데요. 아이 트래킹(Eye tracking) 기능과 내추럴 페이셜 익스프레션(Natrual facial expression) 기능을 통해 메타버스 내 아바타가 이용자의 표정을 그대로 재현하는 것은 물론, 아이 컨택(Eye contact)트도 가능해졌습니다. 전작인 메타 퀘스트2가 주변 환경을 흑백으로 표현하였으나 이번 제품에서는 다양한 색감을 구현했습니다. 가상에서 자연스러운 얼굴로 눈 맞춤도 할 수 있다는 의미죠. 부피와 무게도 개선되었습니다. 전작 대비 렌즈 두께를 40% 수준으로 감소시켰으며, 배터리를 뒤쪽에 배치해 착용감과 안정감, 시야 범위를 넓혔습니다. 하지만, 배터리 수명과 가격은 구매의 장애 요인으로 지목되고 있습니다. 신제품에 탑재된 내장형 배터리 지속시간은 1시간에서 최대 2시간

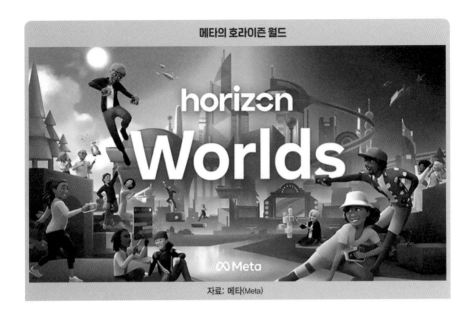

자료: 메타(Meta)

이며 완전히 충전하는데도 2시간 정도 걸리는 것으로 나타났고, 가격은 1,499달러로 전작 대비 3배 이상 비쌉니다. 원화로 200만 원이 넘는 가격이죠. 신제품인 메타퀘스트 프로 발표 후 주가도 발표 당일 3.92% 하락했습니다.

2021년 12월, 메타가 만든 메타버스 세상인 호라이즌 월드 (Horizon world)도 월간 활성자 수가 30만 명에서 2022년 10월 기준 20만 명으로 감소한 것으로 나타나고 있으며 재방문 비율도 낮고 50명 이상이 접속하는 구역은 호라이즌 월드 전체의 9%에 불과한 것으로 나타났습니다. 메타는 2022년 말까지 목표 이용자 수로 월간 50만 명을 제시한 바 있으나 최근 목표치를 낮추었습니다.

2022년 11월, 메타는 전체 직원의 13%에 해당하는 1만 1,000명의 정리해고를 결정했다고 밝혔습니다. 또한, 신규 채용 중단은 2023년 1분기까지 지속하고, 사무공간 등 보유 부동산과 인프라 지출 축소 등의 추가 조치도 취할 계획이라고 언급했습니다. 힘든 시기임을 여실히 느낄 수 있습니다.

메타의 강점도 살펴봐야겠죠. IDC는 2022년 1분기 가상현실 헤드셋 출하량이 전년도 동기 대비 241.6% 증가하였으며, 2022년 가상현실 헤드셋 전체 출하량을 2021년보다 26.6% 증가한 1,390만대로 전망하고 있습니다. 가상현실 헤드셋 기기에 관심이 높아지고 전체 판매량은 증가하고 있죠. 2022년 기준 메타(Meta)의 시장 점유율은 90%로 증가하였으며 중국 피코(Pico)가 유럽 시장 확대 및 소비자 친화적 콘텐츠를 늘리면서 4.5% 시장 점유율 확보하며 2위를 차지하고 있습니다. 현재 독보적인 1위를 차지하고 있죠. 새로 출시된 메타퀘스트 프로(Pro)는 고급 사용자를 목표로 출시한 기기이며 다음 출시 기기는 보급형으로 준비하고 있습니다.

메타는 사용자가 호라이즌에 접속하는 방식도 보완할 예정인데요. 가상현실 헤드셋 기기로만 접속할 수 있는 호라이즌 월드를 PC와 노트북, 휴대폰으로 접속할 수 있도록 준비하고 있습니다. 현재 가상현실 헤드셋 기기 판매량이 늘어나고 있지만, 해당 기기가 아직 초기 보급상태라 대부분 사람은 기기가 없습니다. 현재 사람들이 많이 쓰고 있는 휴대폰과 노트북, PC로로 호라이즌을 사용할 수 있도록 지원하면 호라이즌이 가입자가 빠르게 늘어날 수 있을 것입니다.

또한, 메타는 페이스북 30억 명, 왓츠앱 20억 명, 인스타그램 12억 명 다양한 SNS에서 엄청난 수의 가입자를 유지하고 있습니다. 단순 합으로는 62억 명이 넘는 엄청난 수치입니다. 전 세계 인구수가 현재 80억 명이거든요. 이 사람들을 10년 정도의 시간 동안 차근차근 메타가 만든 메타버스 세상으로 이주시켜 다양한 경제, 사회, 문화 활동을 하게 만들려는 것이죠.

메타의 미래 사업모델의 다양성도 중요합니다. 현재는 메타의 모든 수익이 광고에서 나오지만, 미래에는 HMD 등 다양한 기기 판매, 메타퀘스트 스토어 수익, 구독모델, 정액제, 상거래, NFT 등 새로운 사업모델을 구상하고 있습니다. 향후 이러한 다양한 수익모델이 실제 수익으로 연동되는지 실적을 통해서 확인해야 할 필요가 있습니다. 메타가 비트 게임즈, 위딘, 유닛2게임즈, 빅빅스 등 다수의 가상 융합 게임, 피트니스 기업을 인수했는데 이는 새로운 사업모델로 수익을 높이기 위한 노력이겠지요. 또한 메타는 적자가 발생하는 리얼리티 랩 예산 중 40%는 가상현실 기기, 10%는 가상현실 소셜미디어 플랫폼 호라이즌에 투입했고 나머지 가장 많은 예산을 투입한 곳은 증강현실 안경(Augmented Reality Glasses)이라고 밝혔습니다. 증강현실 안경 상용화까지 약 5년이 시간을 소요될 것으로 전망되며 메타버스 투자 중 가장 많은 예산을 투입한 증강현실 안경이 새로운

스마트 안경 레이반 스토리

자료: 메타(Meta)

기회가 될지도 지켜볼 필요가 있습니다. 메타는 증강현실 안경 개발 전에 스마트 안경(Smart glasses) 레이반 스토리(Rayban stories)를 출시하기도 했습니다. 레이반 스토리는 안경을 통해 찍은 사진이나 영상을 바로 SNS에 올릴 수 있는 기능이 장착되어 있습니다.

메타버스 전환(Metaverse Transformation)은 시간과 노력이 필요하며 메타도 가입자들이 메타버스에 모여드는 시간이 10년 정도 걸릴 것으로 보고 있습니다. 메타버스 전환을 위한 변화와 위험이 공존하는 구간입니다. 메타의 새로운 사업모델과 기회 그리고 위험을 확인하며 투자 방향을 설정해 볼 필요가 있습니다.

모든 메타버스 제작은 엔비디아로 통한다 ─────●

2020년 10월, 엔비디아 CEO 젠슨 황은 "메타버스가 온다 (Metaverse is coming)"고 말하며 메타버스 시대의 서막을 알렸습니다. 엔비디아는 이후 메타버스 최대 수혜 기업 중 하나로 주목받으며 급성장합니다. 거대한 메타버스 가속 구간 이후, 감속의 구간을 맞이하고 있는데요. 엔비디아는 어떤 미래를 그리고 있는지, 불확실성은 무엇인지 알아보도록 하겠습니다.

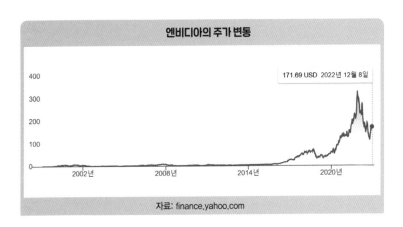

엔비디아는 그래픽 처리장치인 GPU(Graphic Processing Unit)를 만들어 판매하는 기업입니다. 수많은 그래픽 데이터를 빠르게 처리하지 못하면 화면에 잔상이 남는 등 문제가 생기게 됩니다. 게임을 할 때 그래픽 카드가 좋아야 게임에 몰입이 잘되겠죠. 그래서 사업 초

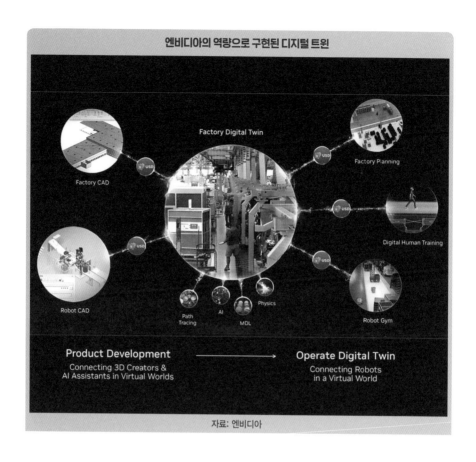

엔비디아의 역량으로 구현된 디지털 트윈

자료: 엔비디아

기 엔비디아의 GPU가 가장 많이 사용되는 곳은 게이밍(Gaming) 영역이며, 관련 PC와 노트북에 장착되어 사용되고 있습니다. 가상공간은 게임 기업이 만들고 엔비디아는 GPU를 만들어서 게임을 잘할 수 있도록 지원한 것입니다. 시간이 지나면서 엔비디아는 가상공간을 만드는 저작 도구인 옴니버스(Omniverse)를 발표하고 또한, 더 많은 기업과 개인들이 인공지능을 더 편리하고 쉽게 활용할 수 있도록 지원하고 있습니다. 가상공간을 만들고 인공지능을 활용하여 더 많은 상호작용을 일으키고 효율성을 높이기 위해서는 빠르게 데이터를 저장하고 처리해야 하므로 데이터 센터의 역할이 중요해지고 이 안에 엔비디아의 GPU가 장착되어야 최적의 성능을 낼 수 있게 됩니다. 하드웨어와 소프트웨어를 동시 판매하며 시너지를 내고 있습니다. 또한 엔비디아가 만든 가상공간과 GPU는 자율주행 자동차에도 장착되어 활용되고 있습니다. 현실의 물리 법칙이 적용되는 가상공간을 만들어 자율주행차가 그 안에서 학습하며 지능을 높이고 똑똑해진 자율주행차가 현실로 나와 또 학습하며 완전 자율주행차를 빨리 만들 수 있게 도움을 줍니다. 현실에 있는 공장을 그대로 가상으로 만드는 디지털 트윈을 구현할 수도 있습니다. 실제 BMW는 엔비디아와 함께 전 세계 31개의 공장을 가상공장으로 만들고 있으며 이를 통해 생산성을 30% 높인다는 목표를 설정했습니다.

앞서 가상공간에 특이점이 오고 있다고 설명해 드렸는데요. 가상공간을 만드는 기술, 가상공간과 상호작용을 일으키는 인공지능 기술, 기술의 조합들이 최적의 성능을 낼 수 있도록 도와주는 GPU까지 모두 지원해 주고 있는 것입니다. 젠슨 황이 메타버스가 오고있으며 앞으로 가상공간에서 SF같은 일들이 일어난다고 말한 이유입니다.

엔비디아의 하드웨어와 소프트웨어가 시너지를 내는 과정을 가만

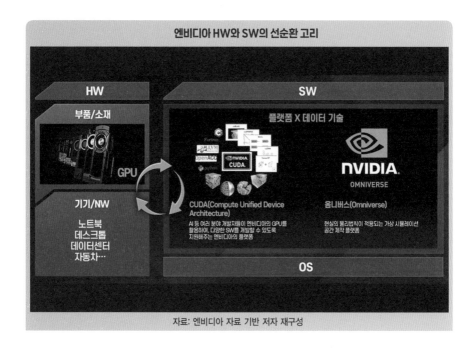

자료: 엔비디아 자료 기반 저자 재구성

히 살펴보면 엔비디아는 사용자들에게 최종 서비스나 제품을 제공하지는 않습니다. 노트북, PC, 데이터 센터, 자동차 등 최종 제품을 만드는 수많은 기업이 엔비디아의 하드웨어와 소프트웨어를 사용하여 새로운 메타버스를 만들고 인공지능을 도입하는 과정에서 도움을 주고 있는 거죠. 모든 메타버스와 인공지능을 도입하는 길에 엔비디아가 있습니다. 아래 그림에서 알리바바, 아마존, 바이두, 구글, 마이크로소프트, 오라클, 텐센트 등 디지털 생태계를 선도하는 글로벌 기업이 데이터 센터 구축을 위해 모두 엔비디아의 GPU를 사용하고 있음을 알 수 있습니다.

주요 기업의 데이터 센터에 적용되는 엔비디아 GPU

	P4	P40	P100	T4	RTX 6000/8000	V100	A10	A40	A100	NGC
Alibaba Cloud	✓		✓	✓		✓			✓	✓
AWS				✓		✓	✓		✓	✓
Baidu Cloud	✓	✓		✓		✓			✓	
Google Cloud	✓		✓	✓		✓			✓	✓
IBM Cloud			✓			✓				
Microsoft Azure		✓	✓	✓		✓	✓		✓	✓
Oracle Cloud			✓			✓			✓	✓
Tencent Cloud	✓	✓		✓		✓				✓
NPN CSPs			✓	✓	✓	✓		✓	✓	

자료: 엔비디아(NVIDIA)

데이터 센터를 운영하는 기업뿐만 아니라 가상공간과 인공지능을 활용하여 자율주행차를 제작하는데 벤츠, 볼보, 랜드로버 등 수많은 자동차 기업이 엔비디아와 협력하고 있습니다.

엔비디아와 협력하는 자동차 기업들

자료: 엔비디아(NVIDIA)

자료: 엔비디아(NVIDIA)

　자동차 제조 기업뿐만 아니라 자율주행을 하는데 필요한 센서, 시뮬레이션 등 다양한 기업들과도 협력하며 이들에게 엔비디아의 소프트웨어와 하드웨어를 제공하고 있습니다.

　엔비디아의 하드웨어와 소프트웨어를 결합한 전략으로 엔비디아 GPU를 이용하는 개발자 수는 급격히 늘어나 2021년 300만 명에

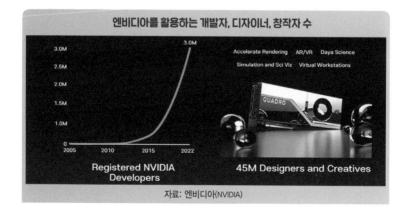

자료: 엔비디아(NVIDIA)

이르고 있습니다. 또한, 4,500만 명의 디자이너와 창작자들이 엔비디아의 하드웨어와 소프트웨어를 사용하고 있는데요. 슈퍼컴퓨터 시장에서도 엔비디아의 점유율은 90%에 달합니다.

수많은 기업의 개발자, 개인 창작자들이 저마다의 메타버스를 만들고 인공지능을 활용할 때 엔비디아 제품과 서비스를 활용하면 미래에 정말 큰 수익이 창출되겠죠. 엔비디아는 자신의 사업에서 미래에 1조 달러의 기회를 창출할 계획입니다. 1조 달러의 기회를 GPU 칩과 인공지능 소프트웨어, 가상공간 저작 소프트웨어 옴니버스, 게임, 자동차 분야에서 발굴한다는 거죠.

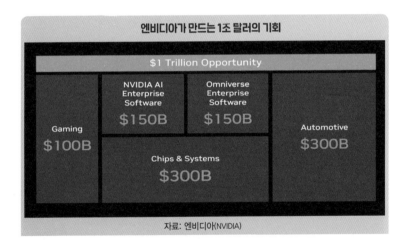

자료: 엔비디아(NVIDIA)

또한, 엔비디아의 하드웨어와 소프트웨어는 의료, 로봇, 에너지, 금

디지털 부의 미래

융, 교육, 통신, 제조, 교통 등 많은 산업에서 활용되고 있는데요. 활용범위는 더욱더 넓어지고 협력사도 늘어날 것으로 전망됩니다.

엔비디아의 기술 적용 분야

Healthcare	Robotics	Game Development	Consumer Internet
Energy	Financial Services	Higher Education and Research	Public Sector
Retail	Telecommunication	Manufacturing	Transportation

자료: 엔비디아(NVIDIA)

이제 미래로 가기 위해 현재 사업이 어떻게 진행되고 있는지 확인을 해봐야겠죠. 2022년(FY23) 엔비디아의 매출은 약 210억 달러로 전망되며 이는 전년 약 270억 달러 대비 감소한 수치입니다. 고성장에 제동이 걸렸습니다.

엔비디아의 매출은 크게 4개 부문인 게임, 데이터 센터, 전문시각화, 자동차에서 발생합니다. 2021년(FY2022) 기준 게임이 차지하는 비중이 46%, 데이터 센터는 40%, 전문시각화 8%, 자동차 2%입니다.

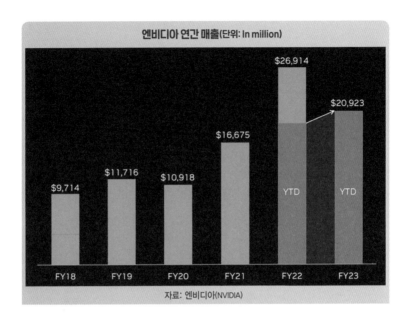

엔비디아 연간 매출(단위: In million)

자료: 엔비디아(NVIDIA)

엔비디아 매출구조

자료: 엔비디아(NVIDIA)

코로나 상황이 호전되며 외부 활동이 늘어나고 이에 게임 수요가 감소하면서 GPU 재고가 늘어나게 됩니다. 암호화폐 채굴에도 엔비디아의 GPU가 많이 활용되었으나 암호화폐 시장도 침체상황이며 암호화폐를 채굴하는 방식에도 변화가 생겨 GPU의 활용 가치가 감소하게 되죠. 게임 부문 매출이 크게 하락하였고 인플레이션, 금리 인상, 긴축 등의 거시경제 요인으로 기업들의 미래 성장에 대한 투자가 감소하며 메타버스와 인공지능을 구현하는 전문시각화 부문의 매출도 줄어들었습니다.

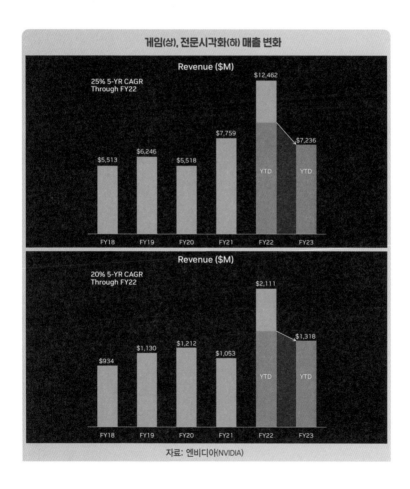

자료: 엔비디아(NVIDIA)

2022년 9월 미국 정부는 자국 대표 반도체 기업인 엔비디아와 AMD에 중국, 러시아에 첨단 칩 수출을 금지하는 조치를 발표했습니다. 사업 위험이 다양하게 발생한 것입니다. 이에 엔비디아는 미국 정부의 수출 규제를 충족하는 기준으로 수출할 수 있는 GPU를 2022년 11월에 공개했습니다. 다양한 사업 위험을 겪으면서도 데이터 센터의 매출은 늘어났고, 미래의 수익원으로 주목하는 자동차 부문의 매출도 성과를 보였습니다. 전체 매출 비중에서 차지하는 비중은 작지만 향후 미래의 수익원이 될 부문이죠. 전 세계에 수많은 자동차가 현재 제조되고 있는데 미래에 이 자동차들에 엔비디아의 GPU와 소프트웨어가 탑재되며 계속 수익을 만든다면 그 규모가 엄청나겠지요. 마치 구글이 안드로이드를 만들고 그 위에 수많은 앱이 만들어지고 수수료를 받는 것처럼요. 물론 그 과정에서 수많은 복병을 만나게 될 것이고 어떻게 극복해 나갈 것인가 중요하겠습니다.

엔비디아는 메타버스 관련 고성장 기업으로 주목받으며 투자의 대상이 되고 있습니다. 메타버스 투자관점에서 엔비디아는 매우 매력적인 기업이지만 몇 가지 고려해야 할 사항이 있는데요. 최근에는 기업가치가 하락했지만, 이미 미래가치가 일부 반영되어 상당한 고가에 거래가 되고 있고, 고성장주이기 때문에 변동성도 매우 높아 등락이 심한 편입니다. 수출규제와 같은 비시장적 요인들이 앞으로 계속 발생할 가능성도 존재합니다. 또한, GPU 등 반도체 시장의

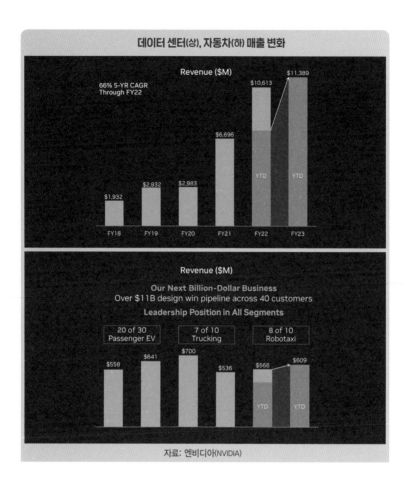

데이터 센터(상), 자동차(하) 매출 변화

Revenue ($M)

66% 5-YR CAGR
Through FY22

$1,932	$2,932	$2,983	$6,696	$10,613	$11,389
FY18	FY19	FY20	FY21	FY22	FY23

YTD · YTD

Revenue ($M)

Our Next Billion-Dollar Business
Over $11B design win pipeline across 40 customers
Leadership Position in All Segments

20 of 30 Passenger EV	7 of 10 Trucking	8 of 10 Robotaxi

$558 $641 $700 $536 $566 $609

YTD · YTD

자료: 엔비디아(NVIDIA)

경쟁이 심해져서 인텔 등 경쟁기업이 GPU를 제작하고, 기존 고객인 마이크로소프트, 구글 등 많은 기업이 자체 반도체를 제작하고 있다는 점도 유의할 필요가 있습니다.

디즈니의 메타버스와 웹 3.0은 어떤 모습일까? ————————•

디즈니는 마블 등 세계적인 IP를 다수 보유한 글로벌 기업입니다. 디즈니 CEO 차펙은 메타버스를 차세대 스토리텔링 개척지라고 평하며 "스토리텔링 차별성과 혁신, 고객 집중이라는 디즈니의 세 가지 핵심 전략을 구현하기에 더할 나위 없이 완벽한 장소"라고 언급했는데요. 디즈니가 준비하는 메타버스를 살펴보도록 하겠습니다.

디즈니 IP와 NFT가 만나 새로운 기회가 생기고 있습니다. 2021년 11월 디즈니는 자체 동영상 서비스인 디즈니 플러스 출시를 기념하는 NFT, 골든 모먼트(Golden Moment)를 발행했으며, 2022년 3월에는 디즈니 픽사의 NFT 컬렉션이 NFT 거래 플랫폼 베베(VeVe)에서 출시된 지 하루 만에 완판되었습니다. 베베는 한정판 니지딜 콜렉션 NFT를 구매할 수 있는 플랫폼인데요. 품절된 픽사 컬렉션은 토이 스토리의 보안관 우디, 몬스터 주식회사의 주인공인 마이크 워조스키, 카(car) 시리즈의 라이트닝 맥퀸, 애니메이션 업(Up)에 나오는 집, 인크레더블(incredibles)의 에드나 모드 등 총 54,995개의 NFT로, 픽사 애니메이션 스튜디오가 만든 상징적인 캐릭터와 순간들로 구성되어 있습니다. 각각의 NFT 정가는 60 젬스(gems)로 이 컬렉션의 판매 가격은 330만 달러였고 또한 이 컬렉션의 구매는 블라인드 박스(Blind Box)로 이뤄졌는데 참가자들은 대금을 지불할 때까지 무엇인지 알 수 없는 무작위 구매로 진행되었습니다.

디즈니 픽사의
NFT 거래 플랫폼
베베

자료: https://www.veve.me/

디즈니의 드림라이트 밸리

자료: 디즈니

디즈니는 자신들의 IP와 메타버스를 연계한 시도하고 있는데요. 디즈니는 자사의 수많은 IP가 등장하는 메타버스 '드림라이트 밸리 프로젝트'를 공개했으며 2023년 출시 예정입니다. 이 게임은 생활형 시뮬레이션과 어드벤처가 혼합된 모습이며 게임로프트 몬트리올 스튜디오가 제작하고 있습니다. 드림라이트 밸리는 디즈니와 픽사 애니메이션에 등장했던 익숙한 캐릭터와 함께 마을을 꾸미고 상호작용하며, 이용자는 게임 속에서 집을 만들고 실내를 꾸밀 수 있으며 디즈니 캐릭터와 다양한 퀘스트를 진행하며 재화 수집도 가능하다고 합니다.

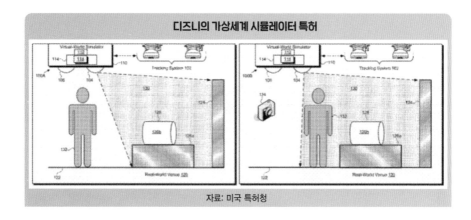

디즈니의 가상세계 시뮬레이터 특허

자료: 미국 특허청

디즈니는 헤드셋 없는 메타버스 테마파크를 준비하고 있습니다. 디즈니가 3D 이미지와 가상세계를 실제 세계에 투영하는 '가상세계 시뮬레이터(Virtual-world simulator)'라는 이름의 특허 기술을 미국 특허청에 등록했는데요. 이 특허는 비용이 많이 들고 착용하기 불편할 수 있는 헤드셋이나 모바일 기기 없이 가상세계를 경험할 수 있는 기술입니다. 디즈니는 특허를 통해 스마트폰으로 방문객의 위치를 추적해 개인화된 3D 이미지를 생성해 테마파크 공간 곳곳에 투영하는 기술을 설명하고 있습니다. 이 기술은 테마파크 방문자 하나하나를 추적해 개인화된 이미지를 보여주는데 예를 들면, 한 가족은 미키 마우스가 핫도그 가판대에서 인사하는 것을 볼 수 있지만 다른 가족은 신데렐라와 인사하는 방식이죠. 이미 디즈니랜드 안에서 불꽃놀이와 함께 진행되는 믹스매직(Mickey's Mix Magic) 같은 오프라인 기반의 가상 이미지 기술을 도입해서 운영하고 있습니다.

스토리 리빙 바이 디즈니 지역

자료: CNN

    디즈니는 스토리 리빙랜드를 준비하고 있습니다. 디즈니는 1,900 채 주택과 주거 공동체로 이뤄진 '스토리 리빙 바이 디즈니'를 계획을 공개했는데요. 스토리 리빙 바이 디즈니는 미국 캘리포니아주 코첼라 밸리에 있는 지역에 건설될 예정입니다. 코첼라 밸리는 디즈니의 창시자인 월트 디즈니가 과거에 살았던 마을로 알려져 있죠. 디즈니는 스토리리빙 바이 디즈니는 24에이커(약 9만7천㎡)라고 하는 광대한 토지에 별장, 콘도, 집합 주택 등이 건설되는 대규모 공동체 단지입니다. 이 중심에는 호수가 존재하는 등 디즈니만의 스토리텔링, 장소 만들기 감각이 적극 활용될 계획이고, 디즈니가 준비하는 메타버스 기술이 이곳에 총 집결될 것으로 전망됩니다.

디지털 부의 미래

디즈니가 메타버스 사업 진출에 적극적으로 나서며 관련 업계의 이목을 집중시키고 있습니다. 오프라인 테마파크에 콘텐츠와 기술을 더해 디즈니만의 메타버스 생태계를 만들어 낼 것이란 전망이며, 이는 디즈니랜드 자체가 메타버스로 전환한다는 의미겠지요. 디즈니가 구상하는 메타버스의 요소가 다양하고 실제 현실 기반 위에서 원활히 구동되기 위해서는 시간과 비용이 수반될 것입니다. 마블 슈퍼히어로 등 디즈니의 수많은 캐릭터와 콘텐츠, 기술력은 디즈니만의 차별화된 메타버스를 만드는데 핵심 경쟁력이 될 것이며, 가상만의 세계가 아닌, 가상과 현실이 융합된 디즈니의 새로운 메타버스를 기대하며 실제 진행되는 과정을 유심히 관찰하시면 투자에 도움이 될 것 같습니다.

삼성이 준비하는 메타버스가 궁금하다 ────────●

국내 시가총액 1위, 삼성이 메타버스와 로봇산업 진출을 선언하며 새로운 미래를 준비하고 있습니다. 삼성은 어떻게 메타버스를 준비하고 있는지 알아보죠. 삼성은 주목받는 메타버스 플랫폼을 적극 활용하고 있는데요. 삼성전자는 제페토에서 도쿄올림픽 가상 체험 공간, 갤럭시 S22 언팩 티징, 라이프스타일 TV 론칭, '더 프리스타일 월드맵' 등 다양한 마케팅 이벤트를 추진했습니다. 또한, '비스포

제페토에 구현된 삼성전자 '마이 하우스'

자료: 삼성전자

크 홈 2022' 미디어 데이를 제페토에서 열고 담당 직원들이 본인의
아바타로 등장해 제품을 소개하고 가상 전시장에 제품을 전시하기
도 했는데요. 제페토와 함께 '마이 하우스(My House)'를 만들어 MZ
세대를 중심으로 큰 인기를 끌었는데, 마이 하우스는 삼성전자의 다
양한 제품과 가구·조명·패브릭 등 인테리어 아이템으로 가상세계
에서 '나만의 집 꾸미기'를 구현해줍니다. 마이 하우스는 CES 2022
개막일에 공개돼 삼성 전시장을 방문한 관람객들에게 호평받았는데,
약 1달 만에 누적 방문 횟수 400만을 돌파하는 기록을 세웠으며,
이 수치를 기록한 제페토 제휴 브랜드 서비스는 삼성전자의 마이 하
우스가 유일하다고 합니다.

또한, 삼성전자는 2022년 1월 블록체인 기반 메타버스 플랫폼 '디센트럴랜드'에 가상 플래그십 매장을 열었습니다. 뉴욕 맨해튼에 위치한 삼성전자의 플래그십 스토어 삼성 837을 가상으로 구현했는데요. 메타버스 내에 공연장과 음악홀을 만들었고, 삼성의 제품을 체험할 수 있도록 했으며, 다양한 NFT를 제공하기도 했습니다.

디센트럴랜드 구현된 플래그십 스토어 삼성 837

자료: 삼성전자

로블록스에 구현된 삼성 슈퍼스타 갤럭시

자료: 삼성전자

2022년 5월에는 로블록스에 '삼성 슈퍼스타 갤럭시(Samsung Superstar Galaxy)'라는 가상공간을 구축했는데, 흥미로운 엔터테인먼트와 창작의 공간을 구현하기 위해 글로벌 유명 싱어송라이터 찰리 XCX와 협업했습니다. 슈퍼스타 갤럭시에서 참가자들은 자신만의 무대를 꾸며 공연도 하고, 다른 참가자들이 만든 무대도 방문할 수 있습니다. 특히, 메타버스안에서 다양한 도전과제와 게임에 참여해서 '스타파워'를 획득해 상위에 오르면, 찰리 XCX와 함께 콘서트를 할 수 있는 기회도 제공했습니다.

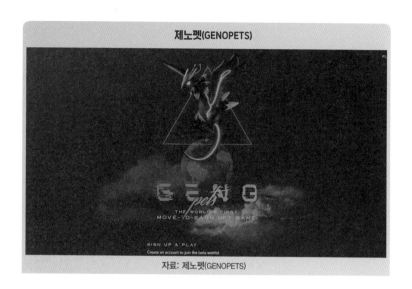

제노펫(GENOPETS)

자료: 제노펫(GENOPETS)

삼성은 메타버스와 NFT 스타트업 투자도 늘렸는데요. 2022년 7월 삼성넥스트는 NFT 게임을 통해 이용자들이 자산을 수익화할 수 있도록 하는 스타트업인 '제노펫'에 투자했다고 발표했습니다. 제노펫은 움직여서 NFT로 돈을 버는 게임(Move to Earn)을 지향하는데, 신체활동을 수행하면 사용자들은 가상 반려동물 펫을 키우기 위해 필요한 각종 아이템을 구매할 수 있습니다. 스마트폰의 만보기 기능과 연계해 이용자의 걸음 수가 측정되고 이 결과가 게임에 필요한 에너지를 제공합니다.

삼성은 음악 NFT 플랫폼 스파이더빌(SpiderVille)에 투자했는데 스파이더빌은 첫 번째 프로젝트인 플랫폼 '울랄라'를 선보일 계획입니

다. 이 플랫폼에서 아티스트들은 음악을 NFT로 제작해 팔고, 소비자들은 이를 구입해 수집할 수 있습니다.

삼성넥스트는 NFT, 메타버스 등 미래 사업 관련 스타트업에 투자를 지속해왔습니다. NFT 거래 플랫폼 업체 슈퍼레어, NFT 개발사 대퍼랩스, 알케미, NFT 소셜미디어 니프티스, NFT 플랫폼 더 샌드박스, 페이즈, 오프 등에 투자를 했다. 이들 기업은 문화·예술, 스포츠, 게임 등의 분야에서 NFT를 활용하며 성장 중인데요. NFT 플랫폼 '메타플렉스(Metaplex)'의 4,600만 달러(약 549억 원) 투자 유치에도 참여했는데, 메타플렉스는 제작자, 예술가, 브랜드가 맞춤형 NFT 마켓플레이스를 손쉽게 만들 수 있는 인프라를 지원합니다.

준비중인 메타버스 기기와 로봇 그리고 가상인간도 주목할 필요

가 있습니다. 삼성전자는 2022년 월 정기주총에서 메타버스와 로봇을 대표적 신성장 사업으로 꼽으며 "고객이 언제 어디서든 메타버스 경험을 할 수 있게 최적화된 디바이스와 솔루션을 개발하겠다"고 밝힌 바 있습니다. 또한, 삼성전자 완제품을 담당하는 디바이스 경험 (DX) 부문은 2022년 전략 방향 설명회를 열고 AR 글래스를 사업화한다고 밝혔지요. 삼성전자는 이미 세계 최대 가전·IT 전시회 'CES 2022'에서 라이프 컴패니언 로봇 2종을 선보였습니다. 인터랙션 로봇인 '삼성 봇 아이'와 가사 보조 로봇인 '삼성 봇 핸디'를 전시해 사용자의 영상 회의를 준비해주거나 저녁 식사를 위한 테이블 세팅을

자료: 삼성모바일 뉴스

해주는 등의 시나리오를 선보여 주목을 받았습니다.

삼성은 가상인간도 적극 활용할 계획인데요. 삼성전자는 국내에 여성 가상비서 샘을 상표권 출원했습니다. 샘은 삼성전자 브라질 법인에서 만들어진 가상인간이다. 브라질 그래픽 스튜디오인 '라이트 팜(Lightfarm)'이 삼성 계열사인 제일기획과 협업해 제작했는데요. 또한 삼성전자는 CES 2020에서 가상인간 '네온'과 CES 2022에서 AI 비서 '세바스찬'을 공개한 바 있습니다.

메타버스 생태계 주도권을 확보하기 위한 글로벌 기업의 경쟁이 가속화되고 있습니다. 새로운 메타버스 경험을 구현하기 위해 글로벌 기업이 HW와 SW역량을 높이고, 협력을 강화 중이죠. 인터넷 혁명 시대 반도체, 휴대폰 등 HW 혁명을 주도해온 삼성이 출시할 메타버스 기기와 로봇, 플랫폼에 이목이 집중되고 있습니다. 삼성은 메타버스 경쟁력을 높이기 위해 관련 플랫폼과의 협력, 투자 확대, 메타버스 기기 출시와 로봇, 가상인간 등 다양한 측면에서 노력하고 있습니다. 메타버스 시대, 삼성의 메타버스 전환(Metaverse Transformation) 모습을 지켜보며 투자에 참고하면 좋겠습니다.

국내 3 대장의 메타버스 교집합, 로봇

삼성전자가 다양한 메타버스를 준비하고 있고, 그 안에 로봇도 중요한 역할을 할 전망입니다. 현대자동차와 네이버가 준비하는 메타버스에도 로봇이 있는데요. 2022년 현대자동차는 로봇과 메타버스를 결합한 '메타 모빌리티(Metamobility)'라는 미래 비전을 공개했습니다. 메타모빌리티는 메타버스(Metaverse)와 모빌리티(Mobility)의 합성어로 로봇을 매개로 이동의 경험이 메타버스까지 확장된다는 개념입니다. 예를 들면 현실에서 자율주행차를 타고 물리적으로 이동하면서도, 그 안에서 다양한 메타버스 공간으로 접속을 할 수 있다는 것이죠. 이동 중인 자율주행차 안에서 아빠와 딸이 실제 화성에 있는 로봇이 스캔하여 전송한 화성 데이터에 접속하여 메타버스로 구현된 가상의 화성에 가보는 경험도 가능해진다는 것입니다. 메타버스로 구현된 화성에서 다른 사람들과 만나기도 하고 로봇이 전달하는 촉각 정보를 통해 실제 화성에 온듯한 몰입감을 느낄 수 있습니

현대자동차의 메타 모빌리티 예시

Community Module

Mobility as an access platform to virtual space

[Mars in physical world]
Spot scanning the surface

[Mars in Metaverse]

자료: 현대자동차

다. 자율주행차는 다양한 공간이 될 수 있습니다. 엔터테인먼트 공간이 되기도 하고 업무를 위한 회의실이 되기도 하며, 3D 비디오 게임을 즐기기 위한 공간이 되기도 합니다. 또한 현실과 같은 가상세계, 미러월드(Mirror World) 구현을 통해 가상 속 현실에 접속할 수도 있습니다. 사용자가 메타버스에 구축한 가상의 집에 접속하면 현실에서 동작 중인 로봇과 상호작용하며 반려동물에게 먹이를 줄 수도 있겠죠. 사용자는 현실과의 동기화를 통해 마치 실제로 직접 행동하는 듯한 경험을 즐길 수 있습니다.

네이버는 2021년 12월 네이버랩스를 통해 아크버스(ARCVERSE)라는 메타버스 전략을 발표했습니다. 아크버스는 네이버가 개발해 온 인공지능(AI), 로봇(Robot), 클라우드(Cloud), 디지털트윈(Digital Twin) 기술을 기반으로 만들어진 세상(Universe)입니다. 아크버스라는 이름도 이 기술들의 앞 글자와 세상이 결합된 표현입니다(AI, Robot, Cloud & Digital Twin Universe).

네이버는 현실과 같은 가상세계, 즉, 미러월드(Mirror World)를 구현하기 위해 항공사진과 센서를 장착한 자동차가 도로를 주행하면서 수집한 정보를 활용합니다. 저고도를 비행하는 드론이 수집한 데이터도 활용되며, 이를 통합하여 실제와 같은 모습의 가상공간을 구

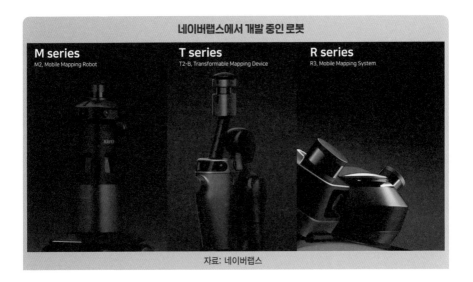

현합니다. 이 기술의 총체를 어라이크(ALIKE) 솔루션이라고 표현합니다. 미러월드를 만들기 위해서는 실외뿐만 아니라 실내 공간 데이터 수집도 필요하겠죠. 이를 위해서 로봇을 활용하는데요. 다양한 로봇이 실내를 이동하며 공간 데이터를 수집하고 이를 전송합니다.

국립중앙박물관 내부에서 움직이는 로봇이 실시간으로 공간 데이터를 만들고 이 공간에 사람들이 들어와서 메타버스 접속으로 박물관을 관람할 수도 있을 것입니다.

ARC 시스템은 현실과 미러월드를 연결하는데요. 여기서 인공지능, 클라우드, 5G 네트워크가 중요한 역할을 합니다. 도시 전체가 미

네이버 랩스의 로봇이 만든 국립중앙박물관 3차원 공간

자료: 네이버랩스

러월드로 제작되고 현실과 연결되면 다양한 시뮬레이션을 통해 도
시의 위험을 예측하기도 하고, 미러월드에서 자율주행을 학습한 자
동차가 현실에서 운행되는 등 다양한 서비스를 개발할 수 있습니다.
네이버랩스는 현재 인천을 미러월드로 제작 중이며 일본, 유럽으로
이를 확대해 나갈 계획입니다.

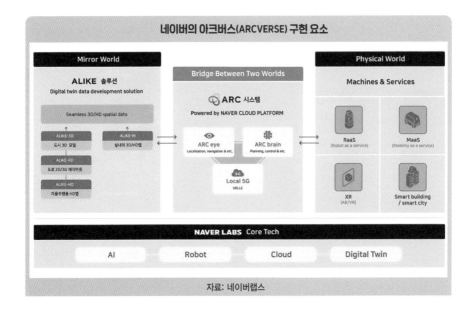

네이버의 아크버스(ARCVERSE) 구현 요소

| Mirror World | Bridge Between Two Worlds | Physical World |

ALIKE 솔루션
Digital twin data development solution

Seamless 3D/HD spatial data

ALIKE-3D
도시 3D 모델

ALIKE-M
실내외 3D/HD맵

ALIKE-RD
도로 2D/3D 레이아웃

ALIKE-HD
자율주행용 HD맵

ARC 시스템
Powered by NAVER CLOUD PLATFORM

ARC eye
Localization, navigation & etc.

ARC brain
Planning, control & etc.

Local 5G
URLLC

Machines & Services

RaaS
(Robot as a service)

MaaS
(Mobility as a service)

XR
(AR/VR)

Smart building
/ smart city

NAVER LABS Core Tech

| AI | Robot | Cloud | Digital Twin |

자료: 네이버랩스

글로벌 기업이며, 동시에 국내 전자 1위 삼성전자, 자동차 1위 현대자동차, 인터넷 1위 네이버가 새로운 메타버스를 구상하고 있으며 그 중심에 로봇이 중요한 역할을 할 전망입니다. 물론 구상하고 있는 미래가 하루아침에 이루어지지 않고 많은 시간이 소요될 것입니다. 이를 구현하는 과정에서 관련한 경쟁력 있는 로봇 기업들이 주목받을 것이며 다양한 시범서비스와 계약, 수주 등의 공시가 앞으로 나올 것으로 전망됩니다. 로봇과 메타버스가 만드는 새로운 미래에 주목하고 변화하는 양상을 살펴보며 투자 기회를 모색해야 할 시점입니다.

The
Future
—of—
Digital
Wealth

PART 5

새로운 디지털 부의

시대를 준비하자

신세계와
신기루 사이에서

메타버스가 부상하며 주목받고 있지만, 인지도 대비 실제 사용자 경험은 매우 부족한 것으로 조사되고 있습니다. 컨슈머 리포트는 2022년 상반기 14세 이상 휴대폰 이용자 3,797명에게 메타버스 인지도와 이용 경험을 조사했는데요. 그 결과, 메타버스를 들어본 사람은 10명 중 8명으로 많지만, 실제 이용해본 사람은 1명에 불과했습니다. 이용 경험률 1위는 제페토(50%)였고 2위는 마인크래프트(46%)였습니다. 이어서 로블록스(30%), 모여봐요, 동물의 숲(28%), 게더타운(24%) 순이였습니다. 메타버스 이용 만족률도 30%로 낮은 수준으로 나타났습니다.

"너무 어색하지 않나요?" 메타버스 무대를 본 시청자의 반응입니다.

〈아바드림〉 방송을 통해 고인이 된 가수 듀스 김성재, 배우 김자옥이 메타버스 무대에 등장하고 하반신 마비 판정을 받은 가수 강원래의 댄스 무대가 아바타를 통해 재현되었지만, 시청률은 저조하게 나타났습니다. 〈아바드림〉 보다 먼저 방영된 〈아바타싱어〉의 경우 회당 10억 원, 총제작비 150억 원이 투입되며 새로운 메타버스 무대를 시도했지만, 시청률은 1%에 머물렀습니다. 기대감은 고조되었는데, 현실은 아직 기대를 따라가지 못하고 있는 거죠.

2021년 3월, 많은 직장인이 익명으로 활동하는 커뮤니티 블라인드 설문 조사 결과 50% 이상이 암호화폐를 신뢰하며, 1,800여 명의 응답자 중 57%는 암호화폐를 보유하고 있다고 응답했습니다. 트위터 직원들은 75%, 블룸버그 직원들은 64%가 암호화폐를 소유하고 있다고 밝혔습니다. 기술직군 종사자들보다 대형 투자은행에 근무하는 직원들에서 암호화폐를 신뢰하는 비율이 높았는데요. JP모건 소속의 90%, 골드만삭스 소속의 70%가 암호화폐를 신뢰한다고 말했고, 전체 응답자의 39%는 월급을 암호화폐로 받을 의향이 있다고 했습니다.

누군가는 암호화폐를 월급으로 받겠다고 할 만큼 암호화폐에 대한 신뢰가 쌓여가고 있었지만, 2022년에 들어서며 루나 사태, FTX 파산, 위믹스 상장폐지로 암호화폐에 대한 신뢰는 무너지게 됩니다. 2022년 5월 초, 전 세계 가상자산 시가총액 8위를 차지하던 암호화

디지털 부의 미래

폐 루나(LUNA)와 테라(UST)는 6일 만에 가치가 99% 하락하며 휴지로 전락하게 됩니다. 5개월 사이 약 50조 원이 넘는 돈이 증발한 것이죠. 영국 가디언(The Guardian)지는 이를 '암호화폐의 리먼 브라더스 사태'로 비유하기도 했습니다.

2022년 11월, 세계 3위 가상자산 거래소인 FTX가 파산합니다. 파산 전 FTX의 가치는 320억 달러(약 42조 1,760억 원)로 평가받았고, FTX의 최고경영자였던 샘 뱅크먼 프리드의 재산은 160억 달러(약 21조 원)로 추정되었습니다. FTX의 구조조정을 위해 CEO로 내정된 존 레이 3세는 "내 40년 경력에서 이렇게 완전한 기업통제 실패는 처음 본다"라고 말했습니다. 존 레이는 지난 2001년 회계 부정으로 몰락한 엔론의 파산 후 절차를 성공적으로 이끈 구조조정 전문가인데요. 그는 법원에 제출한 파산 보호 서류에서 "이렇게 신뢰할 재무 정보가 전혀 없는 곳은 처음 본다. 위태로운 시스템, 잘못된 규제, 경험이 없고 위험해 보이는 극소수 개인들의 손에 회사 통제권이 집중됐다"라고 질타했습니다. FTX파산 이후 암호화폐 대부업체인 블록파이도 파산을 신청했습니다. 고객의 암호화폐를 담보로 돈을 빌려주는 블록파이는 FTX와 밀접한 관계를 맺은 기업입니다. 블록파이는 FTX와 계열사 알라메다 리서치에 4억 달러(약 5,300억 원)의 대출을 받으면서 FTX에 자산을 맡겼고, FTX가 발행한 토큰 FTT를 담보로 자금을 빌렸습니다. FTX가 파산하자 블록파이는 유동성 위기에 빠졌고, 고객 자금 인출도 중단했습니다. 2017년 설립된 블록파이는 2021년 말 기준으로 140억~200억 달러(약 18조~26조 7,000억 원) 상당의 암호화폐를 담보로 받고 75억 달러(약 10조 원)를 고객에게 대출했습니다. 이 모든 일이 불과 2주일만 벌어진 일입니다.

2022년 12월, 위메이드가 만든 위믹스 거래소에서 상장 폐지되고 거래가 종료됩니다. 위메이드가 만든 토큰 위믹스는 국내 대표 코인 중 하나였죠. 다양한 블록체인 게임 내 아이템을 위믹스와 교환할 수 있게 하고 게임을 통해 수익을 창출하는 이른바 '플레이 투 언(P2E, Play to Earn)' 방식을 활용하여 기업 가치를 높였습니다. 3만 원이던 주가는 20만 원을 넘어섰고, 포브스나 블룸버그도 위메이드에 주목했고 상장가 150원이던 코인, 위믹스는 한때 3만 원을 향해 달려갔습니다. 2022년 10월 27일, 국내 5개 거래소로 구성된 디지털 자산거래소 공동협의체 닥사(DAXA)는 위믹스를 '공시된 유통량과 실제 유통량 간 차이 발생'을 이유로 유의 종목으로 지정합니다. 위믹스 발행사인 위메이드가 거래소에 제출한 위믹스 유통량 계획과 실제 유통량이 30% 넘게 차이가 발생했기 때문입니다. 이후 11월 24일 닥사는 위믹스의 상장폐지를 결정합니다.

메타버스와 웹 3.0은 신세계인 줄 알았는데, 이쯤 되면 신기루 아닐까요?

디지털 부의 미래

옥석이 가려지는 혼돈의 시기 그리고 역발상

인터넷과 웹이 처음 등장했을 때도 이러한 혼돈의 시기가 있었습니다. 인터넷과 웹이 세상을 바꿀 것이라는 기대감이 정점에 달하다 이후 서비스와 기기의 한계를 경험하고 다양한 문제점들에 직면하며 환멸의 단계를 지나게 되는, 닷컴 버블이 바로 그 시기입니다.

"인터넷에서 광고를 보면 돈을 드립니다."

듣기만 해도 멋지지 않나요? 골드뱅크는 1997년 인포뱅크라는 이름으로 설립되었고 같은 해 골드뱅크로 사명을 바꾸면서 1998년 10월 코스닥 시장에 입성했습니다. 기존에 없던 혁신적인 사업모델로 주목받고 투자받으며 기대감으로 초고속 성장을 하게 됩니다. 골드뱅크는 15일 연속 상한가를 달리며 800원에 불과했던 주가가 8개월 만에 31만 원까지, 무려 3,700% 이상 급등합니다. 골드뱅크는 수십

개의 계열사를 거느리고 심지어 프로 농구단까지 인수하게 됩니다. 단기간에 회원 수가 늘어나며 기대의 정점으로 이르지만 정작 수익 발생은 요원했습니다. 혁신적인 아이디어였지만 당시 골드뱅크 광고 주의 대부분은 중소 컴퓨터 제조업체가 많았고 그들의 광고 지출비 는 한계가 있었습니다. 광고효과가 충분히 나지 않자 기업들은 광고 를 중단했고 골드뱅크는 인터넷광고를 본 네티즌에게 지급할 돈이 떨 어지게 되죠. 이후 경영상의 문제까지 겹치면서 2000년 4월 CEO는 회사를 떠나게 되고, 이후에 골드뱅크는 증시에서 사라지게 됩니다.

"무료 인터넷 전화를 할 수 있습니다."

무료 인터넷 전화 사업을 내세운 새롬기술은 1999년 8월 상장 후, 6개월 만에 150배 가까이 폭등하며 주목받습니다. 2000년 2월에는 시가총액이 약 3조 원으로 늘어나며 현대자동차를 앞서는 기염을 토하게 됩니다. 미국 내 자회사인 다이얼패드로 국내뿐 아니라 국제 전화까지 무료로 제공한다는 혁신적인 사업모델로 시장을 요동쳤습 니다. 하지만 통화 품질은 실망스러웠고, PC 인터넷으로만 통화하는 것이 아니라 PC 인터넷에서 일반 전화기로 통화를 하면 가입자가 늘수록 유선망 이용료가 많아져 비용을 감내해야 하는 구조였습니 다. 이외에도 경영상의 문제까지 겹치며 시장에서 잊혀지게 됩니다.

신세계로 알았던 인터넷과 웹은 신기루처럼 여겨지면서 실체 없 는 닷컴 기업들은 시장에서 사라지기 시작했습니다. 하지만 이 시기 는 수많은 인터넷 기업이 사라진 시기이기도 하지만 미래에 거인이

디지털 부의 미래

될 희망의 싹이 뿌려지기도 했습니다. 네이버는 사용자에게 돈 대신 정보를 주며 인터넷광고로 돈을 벌었고 세계적인 기업으로 성장한 아마존, 구글, 애플도 이 시기를 견디며 오늘에 이르렀습니다. 기존에 실패했던 사업모델은 변형되고 인프라는 개선되며 인터넷 기반의 혁신 서비스들은 서서히 자리 잡기 시작했죠. 또한, 인터넷 중독, 사이버 폭력, 정보격차 등 수많은 문제가 제기되면서 이를 해결하기 위한 기술 조치, 가이드라인(Guideline) 제정, 법제도 개선이 여러 분야에서 지속되어 오늘에 왔습니다.

메타버스와 웹 3.0 혁명도 이러한 혼돈의 시간을 보내고 있습니다. 하지만 이 시기는 옥석이 가려지기도 합니다. 아래 워렌 버핏의 말이 가장 어울리는 시기가 아닐까 합니다.

"누가 알몸으로 수영하고 있는지는 파도가 빠져나가면 안다."

(After all, you only find out who is swimming naked when the tide goes out)

"다른 사람들이 욕심을 부릴 때 두려워하고, 다른 사람이 두려워할 때 욕심을 부려라."

(Be fearful when others are greedy and greedy when others are fearful)

FTX 파산 이후, 데이비드 솔로몬 골드만삭스 최고경영자(CEO)는 "FTX 사태를 보고 암호화폐가 매우 투기적이면서도 잠재력이 있는 시장"이라고 평가했습니다. 그리고 골드만삭스의 디지털 자산 책임자인 매튜 맥더모트는 "골드만삭스가 FTX 사태로 더욱 신뢰할 수 있고 규제된 암호화폐 사업자에 대한 필요성이 높아졌으며, 골드만 삭스가 사업을 시작할 기회를 검토 중이고 여러 암호화폐 회사 인수를 고려하고 있다"라고 언급했습니다.

2022년 하반기, 금리 인상, 인플레이션 등으로 스타트업들은 투자 혹한기를 맞이하고 있습니다. 하지만 확실한 기술과 비전이 있는 스타트업 투자는 지속되고 있는데요. 2022년 6월부터 12월까지 사업 초기(시드, 시리즈A)에서 본격 사업 확장 단계(시리즈B) 스타트업을 대상으로 조사한 결과, 투자금 100억 원 이상을 조달한 스타트업이 51곳으로 분석되었고 투자자들의 요구 사항은 "모두 어려울 때 지금의 투자로 확실한 기술격차를 벌이는 것"이라고 합니다. 옥석을 가리고, 미래를 보고 투자를 한 것이죠. 투자금이 몰린 곳은 블록체인, 암호 기술 분야로 51개 기업 중 7개나 차지했습니다. 많은 기업이 추진하는 암호화폐 발행 분야가 아니라, 순수 블록체인, 암호 기술 역량을 보유한 보안 서비스나 인프라를 제공하는 기업들입니다. 티오리(200억원), 모놀리(180억원), 노티파이(140억원), 에이포엑스(129억) 등 갓 설립된 기업이 투자받았습니다. 또한 레드브릭, 오비스, 어메이즈VR, 애니펜 4개 메타버스 기업도 투자 대상에 포함되었습니다.

메타버스와 웹 3.0이 결국 미래에 산업과 사회를 변화시킬 것이며 이 시기에 기술격차가 더욱 커지고 유망한 인재들이 모인 기업을 입도선매하려는 시도일 것입니다. 웨렌 버핏의 말처럼 사람들이 두려워할 때 수영복을 입고 수영 잘하는 기업에 욕심을 내는 것이죠.

03

감속 이후,
거대한 가속을 준비하자

코로나19로 가상공간의 필요성이 높아지고 글로벌 경기회복을 위해 유동성이 풀리며 메타버스와 웹 3.0 전환(Metaverse & WEB 3.0 Transformation)은 거대한 가속의 시기를 맞이했습니다. 이후 일상으로의 복귀와 인플레이션, 긴축의 시기를 맞으며 감속이 시작되었죠. 이 감속의 최저점이 언제일지 누구도 정확하게 알 수는 없지만 거대한 변화는 어느 순간 저점을 지나고 다시 가속구간으로 접어들며 이후에도 크고 작은 가속과 감속 구간을 만나게 될 것입니다. 그 어느 때 보다 감속 구간에서 옥석을 가리는 눈을 가져야겠죠. 계속해서 메타버스와 웹 3.0의 변화를 학습해야 하는 이유입니다. 끊임없이 진화하며 새로운 기기와 서비스가 등장할 것이고 그중에 진짜가 존재하니까요.

이제 우리는 미래를 준비하는 현명한 투자를 위해 메타버스와 웹 3.0이라는 거대한 변화의 방향을 알아야 합니다. 디지털 연결의 진화가 이제 점, 선, 면(텍스트, 음성, 이미지, 영상)을 넘어 지능화된 공간으로 진화하고 있습니다. 이를 위한 인류의 오랜 노력은 축적되어 가고 있으며 잠시 멈추거나 더딜 수는 있어도 역(逆)으로 진행되지는 않습니다. 오히려 경쟁력이 축적될수록 더 큰 가속을 만들게 되죠. 많은 사람이 느끼지 못하지만 조금씩 계속 나아가고 있고 이 방향을 인지해야 합니다.

또한, 메타버스와 웹 3.0이 가져올 변화의 크기를 인식해야 합니다. 메타버스와 웹 3.0의 세상을 만드는 다양한 혁신 기술이 가상공간에 융합되며 기존에 없던 새로운 가치를 만들면서 더 큰 시장을 만들고 있습니다. 최근 1년간 메타버스 시장 규모가 10배 이상 커진 이유이기도 합니다.

메타버스와 웹 3.0 전환(Metaverse & WEB 3.0 Transformation) 속도도 고려해야 합니다. 산업별, 기업별로 전환되는 속도가 다르고, 생산성의 차이도 다를 것입니다. 같은 자원을 투입해도 기업마다 성과도 다르겠죠. 기대감 대비 현실은 차이가 있다는 사실도 인지해야 하고 가속과 감속의 반복도 고려해야 합니다. 금리인상, 인플레이션과 같은 국내외 경제 상황, 메타버스와 웹 3.0이라는 변화에 대한 산업진흥 정책, 규제도 전환 속도에 영향을 미치겠죠.

"2022년에는 메타버스와 웹 3.0이라는 용어가 2021년보다 많이 쓰이지 않는데, 새로운 트렌드가 끝난거 아닌가요?"라는 질문을 받습니다. 용어는 중요하고 의미가 있습니다. 하지만 우리가 용어에 집착하다 보면 더 큰 가치를 놓치게 될 수도 있습니다. 인터넷 혁명이 30년 전에 나타나고 이후 우리는 계속 새로운 용어를 만나왔습니다. 초고속 인터넷 혁명, 모바일 혁명, 앱(App) 경제, 인터넷 경제, 디지털 경제, 디지털 트랜스포메이션(Transformation), 4차 산업 혁명 등등 무수히 많은 용어가 등장했죠. 본질은 우리들의 디지털 연결이 텍스트와 음성에서 이미지와 영상으로 보다 진화했다는 것입니다. 지금 우리의 디지털 연결을 만든 방식이고 많은 서비스와 기기가 다양하게 이를 지원했죠. 메타버스와 웹 3.0도 마찬가지라 생각합니다. 지금의 거대한 패러다임을 설명하는 말로 메타버스와 웹 3.0이 사용되고 있습니다. 이후에 더 새로운 용어가 다양하게 등장할 수도 있습니다. 하지만 본질은 우리의 디지털 연결이 진화되고 인터넷 혁명의 시대에 할 수 없던 경제, 사회, 문화 활동을 새로운 가상공간에서 할 수 있다는 것이죠. 트렌드와 용어보다 본질에 집중하면 어떠한 용어가 난무하더라도 투자의 가치가 흔들지 않을 것입니다.

디지털 부의 미래

초판 1쇄 발행 2023년 2월 25일

지은이 | 이승환
발행인 | 홍경숙
발행처 | 위너스북

경영총괄 | 안경찬
기획편집 | 안미성, 박혜민
마케팅 | 박미애

출판등록 | 2008년 5월 2일 제2008-000221호
주소 | 서울 마포구 토정로 222, 201호(한국출판콘텐츠센터)
주문전화 | 02-325-8901
팩스 | 02-325-8902

표지 디자인 | 김종민
본문 디자인 | 최치영
지업사 | 한서지업
인쇄 | 영신문화사

ISBN 979-11-89352-62-2 (03320)